GERENCIE O SEU EMOCIONAL

JANGUIÊ DINIZ

GERENCIE O SEU EMOCIONAL

COMO ADMINISTRAR O SEU IMPÉRIO DE EMOÇÕES

:ns

São Paulo, 2023

Gerencie o seu emocional: como administrar o seu império de emoções
Copyright © 2023 by Janguiê Diniz
Copyright © 2023 by Novo Século Ltda.

EDITOR: Luiz Vasconcelos
GERENTE EDITORIAL: Letícia Teófilo
PREPARAÇÃO: Luisa Bergami Fernandes
REVISÃO: Rafaela Lopes Batista Bonadies
DIAGRAMAÇÃO: Manu Dourado
CAPA: Kelson Spalato

Texto de acordo com as normas do Novo Acordo Ortográfico da Língua Portuguesa (1990), em vigor desde 1o de janeiro de 2009.

Dados Internacionais de Catalogação na Publicação (cip)
Angélica Ilacqua CRB-8/7057

Diniz, Janguiê
Gerencie o seu emocional: como administrar o seu império de emoções / Janguiê Diniz. -- Barueri, SP : Novo Século Editora, 2023.
  192 p.

Bibliografia
ISBN 978-65-5561-526-5

1. Autoajuda 2. Emoções I. Título

23-1165   CDD 158.1

Índice para catálogo sistemático:
1. Autoajuda 2. Emoções

‹ns
uma marca do
grupo novo século

Alameda Araguaia, 2190 – Bloco A – 11º andar – Conjunto 1111
CEP 06455-000 – Alphaville Industrial, Barueri – SP – Brasil
Tel.: (11) 3699-7107 | E-mail: atendimento@gruponovoseculo.com.br
www.gruponovoseculo.com.br

SUMÁRIO

Prefácio 7

Sobre emoções e sentimentos 9
Uma realidade desafiadora 12
Dificuldades não são impedimentos 16
Como você se encontra neste momento 20
Cuidando de suas emoções 27
Lidando bem com a preocupação 31
Gerenciando a ansiedade 49
Libertando-se do medo 65
Para sair da solidão 83
Vencendo a frustração 97
Convivendo com o sentimento de perda 113
Superando o sentimento de tristeza 128
Elevando sua autoestima 138
Acalmando a raiva 147
Lidando com a depressão 155
A grandeza de aceitar 168
A escolha é sempre sua 179
O sucesso nasce do equilíbrio entre a razão e a emoção 183

Bibliografia 187

PREFÁCIO

Estamos vivendo uma época de ouro para todos aqueles que estão percebendo realmente o que significam todos os desafios que estamos enfrentando em pleno século XXI. Imaginamos que, quando chegássemos aqui, todos os problemas já teriam sido resolvidos pelo avanço da tecnologia e do ser humano.

Infelizmente, não é exatamente isso que estamos vivendo, porque tivemos, de fato, uma grande evolução da tecnologia e da informação como um todo, mas o desenvolvimento do ser humano ficou muito aquém do que esperávamos.

Estamos presenciando uma era de crescimento exponencial do conhecimento, como jamais havíamos imaginado ser possível, e achamos que todo esse acúmulo de informação com a ajuda da internet seria o responsável pela evolução do ser humano como um ser "humano"!

E, após chegarmos neste exato momento em que nos encontramos, no auge da Era da Informação, percebemos que todo esse conhecimento só nos serviu para construirmos uma vida mais "confortável", mas não para nos tornarmos pessoas mais corajosas, amorosas, decididas, felizes e realizadas. Pelo contrário, nunca tivemos tantas doenças físicas e emocionais tornando famílias e empresas cada dia mais frágeis, com pessoas que "sabem muito", mas não conseguem colocar na prática o que "aprenderam".

Precisamos, de uma vez por todas, evoluir nosso conceito de aprendizado, pois somente aprendemos de fato quando colocamos na prática toda informação a que temos acesso.

Mas aí é que está o grande problema, que Janguiê brilhantemente conseguiu desvendar, através da sua própria experiência de vida neste livro. Ele percebeu, desde muito cedo, que além de saber, é fundamental FAZER!

E onde entra o poder das emoções em tudo isso?

Se você ainda não pesquisou no Google a origem da palavra "emoção", sugiro que o faça com todas as palavras que julgar importantes em sua vida, pois a etimologia ou significados, dizem muito mais sobre elas.

Emoção, deriva do latim *Emovere*, onde *E* vem de externo, e *movere*, de movimento. Ou seja, são exatamente as nossas **emoções** que nos fazem agir de verdade! Se você e eu não sentíssemos nada, estaríamos literalmente vegetando e esperando a morte chegar.

E, neste livro, você será guiado não por um profissional que estudou sobre as emoções, mas por um ser humano, empreendedor, que aprendeu na prática, e que escolheu sair de uma vida de extrema pobreza para uma vida abundante e próspera em todos os sentidos.

Você será guiado e desafiado por meu amigo Janguiê a trilhar caminhos que ele mesmo comprovou que funcionam, unindo o conhecimento que você já adquiriu até aqui em sua vida com todo o poder que cada uma de suas emoções, sejam elas "positivas" ou "negativas", têm para alcançar patamares em sua vida pessoal, profissional e financeira, que jamais imaginou que seria possível para um ser humano tão comum quanto você, eu, ou o próprio Janguiê Diniz.

Prepare-se para descobrir, na prática e na sua experiência, que a única diferença entre o medo e a coragem é a AÇÃO! Sim... não existem heróis, escolhidos ou pessoas especiais, mas seres humanos que fazem acontecer. Seja a pessoa certa, na hora certa e no lugar certo, através da atitude de empreendedor, ou como Janguiê costuma dizer: obstinados.

É uma grande honra prepará-lo para o início de uma importante jornada com um grande mestre da vida e dos negócios!

Boa "viagem", nos vemos por aí, pois os verdadeiros obstinados, sempre se encontram!

Rodrigo Fonseca
Presidente da Sociedade Brasileira de Inteligência Emocional

SOBRE EMOÇÕES E SENTIMENTOS

Quando falo em emoções, estou particularmente interessado nos efeitos que elas causam em nossa vida. Positivas ou negativas, todas nos afetam e são determinantes em nossas conquistas, tanto na vida pessoal quanto nos âmbitos profissional e empreendedor.

Emoções levam a sentimentos, que levam a comportamentos, os quais determinam nossos resultados, dependendo da forma como lidamos com elas.

Nesta obra, vou falar com você sobre algumas emoções e sentimentos e suas consequências, com base em minha vivência como empreendedor e em tudo o que aprendi lidando com minhas emoções ao longo da vida, tanto nos momentos de vitórias quanto de derrotas. Inspirar você a lidar bem com suas emoções e sentimentos, de modo a desenvolver comportamentos adequados ao seu sucesso e felicidade, é a tônica do que vamos conversar. Falaremos sobre preocupação, ansiedade, medo, solidão, frustração, sentimento de perda, tristeza, baixa autoestima, raiva e depressão.

Todos esses pontos que escolhi abordar são derivados daquilo que se costuma chamar, na psicologia, de emoções verdadeiras. Não pretendo trazer para a discussão temas acadêmicos ou mesmo de embasamento muito teórico, mas sinto que cabe aqui um espaço para falarmos um pouco sobre o que seriam essas "emoções verdadeiras".

Existem, hoje, diversas linhas da psicologia que classificam as emoções, cada uma com determinada diferença em relação às demais. Pessoalmente, gosto de trabalhar com a proposição do psiquiatra canadense Eric Berne, por sua simplicidade e objetividade.

Berne criou uma metodologia que dividiu a infinidade de sentimentos do ser humano em duas categorias básicas: as "emoções autênticas" e os "disfarces". As cinco emoções autênticas mencionadas por ele seriam: medo, alegria, raiva, tristeza e amor (ou afeto). Elas seriam consideradas autênticas por serem emoções naturais e, também, as mais notoriamente identificadas.

Todas as demais manifestações emocionais que não puderem ser classificadas diretamente entre essas cinco seriam, portanto, os "disfarces". Por exemplo, a frustração seria o que podemos chamar de "disfarce", e as "emoções autênticas" por trás dela poderiam ser a tristeza e a raiva. Dessa forma, os "disfarces" seriam uma espécie de substituição, uma fusão ou, ainda, uma ampliação (para o exagero ou para a falta) das emoções autênticas que, por algum motivo, o indivíduo não tem autorização interna para expressar.

Independentemente da classificação que cada um considere mais adequada, o que realmente importa é que as emoções têm um papel crucial nos nossos relacionamentos e, por isso mesmo, são determinantes nos resultados que obtemos a partir da nossa interação com o mundo e com as outras pessoas.

As emoções positivas tendem a aproximar as pessoas, estimulando relacionamentos mais consistentes e favoráveis à construção de planos e à realização de sonhos. Já as emoções negativas tendem a prejudicar os relacionamentos e a convivência tanto pessoal quanto profissional.

Embora as experiências emocionais ajudem a ampliar o tanto que conhecemos de nós mesmos e das pessoas com quem nos relacionamos, um eventual exagero de uma emoção pode levar a distorções e eventuais prejuízos nos relacionamentos.

Enfim, é importante considerar o fato de que aprender a lidar com suas emoções negativas e energizar corpo-mente-espírito de modo construtivo e positivo têm de ser algo constante e diário em seus pensamentos e ações, caso o sucesso e a realização sejam o que você procura.

Para lidar de verdade e com eficácia com cada uma das suas emoções e com uma eventual instabilidade provocada por algumas delas, é preciso que você as analise uma a uma e encontre caminhos individuais para resolvê-las. É disso que este livro trata.

Nosso objetivo é fazer uma reflexão sobre como nos encontramos hoje no mundo em que estamos vivendo e o que nos afeta de modo mais diferenciado. Dentro desse enfoque, abordaremos alguns temas cujo perfeito entendimento ajudarão você a melhorar sua postura e sua maneira de lidar com suas emoções.

UMA REALIDADE DESAFIADORA

De tempos em tempos, a humanidade passa por tragédias, pragas, desastres ou eventos que nos tiram do *status quo* e nos lançam a desafios que, muitas vezes, parecem estar além das nossas forças resolver.

Tem sido assim com diversos acontecimentos ao longo da história da humanidade que provocaram rupturas e mudanças profundas no modo de pensar e de se comportar do ser humano. Posso citar como exemplos a peste negra, a varíola, a gripe espanhola e o sarampo, doenças responsáveis por ceifar centenas de milhões de vidas humanas e por prejuízos materiais inimagináveis.

É assim agora, nesta época em que estamos vivendo as consequências de um embate contra a Covid-19, um inimigo que nos coloca no mesmo patamar de igualdade diante dos riscos que essa doença representa contra a vida, independentemente de raça, credo, condição social, idade ou qualquer que seja a categoria usada para nos caracterizar.

Pergunto a você, leitor: como ficou, nessas condições, a sua busca pelo sucesso e pela realização pessoal e profissional? Sem dúvida, todos temos tido trabalho redobrado para superar tantas adversidades, em todos os campos da nossa vida. Uma dessas áreas grandemente afetadas é, com certeza, a profissional, que vem sendo bastante dificultada pelas próprias limitações impostas pela pandemia e, em especial, porque ficamos emocionalmente mais sensíveis e, muitas vezes, menos eficientes e determinados.

Em uma situação como a que vivemos na pandemia, é natural que sua energia tenha sido abalada; que seu emocional tenha ficado instável; que o comodismo tenha sido questionado; e que você tenha sido obrigado a repensar a própria vida e assumir novas posturas a fim de sobreviver na nova realidade. Com isso, transformações profundas aconteceram e ainda estão acontecendo conosco, tanto interna quanto externamente, como consequência do reposicionamento que todos temos sido obrigados a adotar e promover.

O fato incontestável é que, diante de uma realidade altamente desafiadora, as pessoas, em geral, ficam fragilizadas e inseguras devido às incertezas e à instabilidade causadas pelas mudanças que estão acontecendo rapidamente em sua vida.

Faz-se necessário aprendermos a lidar com os efeitos dessa nova realidade nas relações humanas e em nosso propósito de vida. A necessidade de transformação em nossa postura se torna urgente, a fim de encontrarmos soluções para nos mantermos saudáveis física e mentalmente diante das inúmeras pressões e dúvidas às quais estamos todos sendo submetidos.

A pergunta que lhe faço é: como você se encaixa neste novo mundo? Sua resposta passará, sem dúvida, por uma constatação: é necessário nos adequarmos à nova realidade que nos está sendo apresentada, mas precisamos aprender, especialmente, a lidar bem com as nossas dores e emoções para que não desperdicemos energia ao longo da jornada.

Contudo, temos como alento a esperança de que, por mais severas que sejam as provações a que estamos sendo submetidos, o objetivo desses eventos não é o de destruir, mas sim criar uma consciência para que nos voltemos para o que é realmente essencial para sermos felizes de verdade e continuarmos evoluindo por meio do amor, e não da dor, como parece ter sido até agora.

Será a sua crença em um mundo novo mais positivo, amoroso e humano que, em meio a tantas adversidades e sofrimentos, o manterá apto a permanecer focado na busca de soluções, no anseio de suas conquistas, em vez de se enterrar no desânimo, na desesperança e na prostração.

Se observarmos atentamente, poderemos vislumbrar que, com tantas mudanças e acontecimentos vivenciados no mundo de hoje, estamos sendo chamados para o despertar do verdadeiro "eu" que existe em cada um de nós. Estamos tendo a chance de corrigir caminhos que, porventura, tenhamos trilhado por engano e de descobrir que é necessário nos relacionarmos melhor conosco, com os outros e com o mundo de maneira a evoluirmos efetivamente juntos.

Sim, a verdade é que estamos em constante evolução. A natureza não nos permite a estagnação, nem mesmo aceita o disparate de andarmos sem rumo ou por caminhos que não nos levem ao nosso melhor. A natureza é pródiga, também, em nos ensinar que tudo tem consequências e que precisamos cuidar de cada um dos nossos pensamentos e ações e, em especial, da forma como lidamos com nossas emoções.

Logo, quando o chacoalhão que a vida nos dá é coletivo, abrangendo por vezes toda a humanidade, significa que uma transformação comportamental está sendo exigida de toda a raça humana, e, em geral, uma mudança dessa magnitude costuma causar dor e exige um novo posicionamento diante da vida que levamos.

Neste momento, com o peso da responsabilidade que temos de carregar, sentimos que tudo de que precisamos é clareza e orientação para passarmos por essa tempestade e sairmos dela mais fortes, mais justos, mais benevolentes e mais humanos.

E aqui estamos, eu e você, diante desse enorme desafio e de um grande dilema: como viver bem com nossas emoções em um momento em que nos encontramos tão fragilizados e, muitas vezes, até mesmo sem rumo? Como assumir um novo papel na vida durante e após uma pandemia, ou qualquer outro evento que nos afete de tal forma, de modo que possamos crescer, evoluir e, então, contribuir para que os outros também cresçam e evoluam?

Somente aprendendo a lidar melhor com nossas dores e emoções poderemos assumir esse novo papel que a vida nos exige, a fim de que possamos corrigir nossa rota e percorrer novos caminhos que nos levem a uma convivência mais promissora e, dessa forma, tenhamos uma vida mais plena, significativa e feliz.

Este livro reside na esperança de ajudar você, leitor, a se sentir estimulado a construir novos comportamentos, de maneira a compor uma melhor versão de si mesmo e efetivamente se tornar mais capaz de provocar uma diferença positiva no mundo e, então, ajudar outras pessoas a fazerem o mesmo.

Assim, o que tenho a dizer-lhe mais diretamente é que é fundamental renovar a certeza de que você sempre será capaz de dar a volta por cima em situações adversas, reposicionando-se no mundo atual de modo a resgatar e fortalecer o prazer de viver e seguir cumprindo seu propósito de vida.

Estamos no limiar de um novo despertar, de onde surgiremos mais preparados para dar os próximos passos na evolução do ser humano e conquistar uma vida com mais significado e propósito, ao mesmo tempo que seguimos trabalhando para construir todo o sucesso com que sonhamos. Devemos aproveitar essa oportunidade para melhorar a nós mesmos, crescer, evoluir e passar a contribuir ainda mais para um mundo verdadeiramente melhor.

DIFICULDADES NÃO SÃO IMPEDIMENTOS

Vale lembrar aqui que os obstáculos que enfrentamos na vida sempre são únicos para cada um de nós, e isso se dá porque a maneira como os vemos e encaramos depende do que temos como referência em nossa mente. Portanto, o seu comportamento possivelmente será diferente do meu diante de uma mesma situação.

As pessoas pensam e agem de modos diferentes, e isso as posiciona distintamente a respeito dos mais diversos assuntos. Por exemplo, tem gente que diz que trabalhar quando jovem não é bom, mas eu trabalho desde os oito anos e não vejo nada de errado nisso. Outro exemplo: meu pai queria que eu fosse trabalhar como peão em fazenda assim como ele, porque essa era a vida que ele considerava ideal. Contudo, eu preferi fugir daquele *status quo* de pobreza, porque queria construir algo mais, queria estudar, queria mudar a minha vida.

O interessante é que, embora tenhamos maneiras diversas de nos comportar e agir, as reações que as dificuldades despertam em nós estão basicamente ligadas aos mesmos sentimentos e emoções: medo, frustração, impotência, raiva, confusão ou mesmo desânimo e depressão, entre outras.

Em um quadro em que nossas emoções são intensificadas, a falta de habilidade para lidar com elas causa dores na nossa alma, as quais precisamos aprender a enfrentar e, mais ainda, emoções que devemos aprender a superar e usar como elementos de fortalecimento da nossa vontade de sermos felizes e prósperos. É quando nos sentimos mais infelizes que temos que fortalecer a nossa crença na felicidade.

Nesse contexto, é importante ter claro que, embora as emoções que estejam sendo despertadas dentro de nós possam ter uma causa externa, a solução para cada uma delas é interna e individual. Portanto, o estímulo que recebemos pode ser externo e coletivo, mas cada um de nós terá de lidar individualmente com o que sente e resolver tudo dentro dos domínios da própria mente.

O que faz imensa diferença é que, independentemente do que enfrente, você sempre pode escolher entre se deixar ser impedido pelos obstáculos, ou passar por cima deles. Pode aceitar e viver com naturalidade suas emoções, procurando compreendê-las e transformá-las em motivadores para seu sucesso e sua felicidade, ou entregar-se ao sabor do pessimismo, anulando por completo suas chances de sair das sombras e ter um dia mais iluminado.

No entanto, é importante deixar claro que tudo isso começa com uma decisão que você tem que tomar quanto ao que realmente quer na sua vida e ao que está disposto a fazer para atingir esse objetivo. É uma decisão que só cabe a você, que está e sempre esteve em suas mãos. Assim, o que será da sua vida a partir dela é de sua total responsabilidade.

Por ser alguém que acredita no sucesso e na felicidade e que sabe, por experiência própria, que isso tudo pode ser construído na nossa vida, vou mais além e digo: é possível, sim, atingir o sucesso profissional e ser feliz, mesmo diante de condições bastante desafiadoras. As dificuldades não são impedimentos; elas são, antes, um convite ao seu desenvolvimento e uma base sobre a qual você pode construir e comemorar as suas vitórias.

Costumo dizer que, para superar as dificuldades, continuar edificando o sucesso e a prosperidade e ser feliz em abundância, é necessário:

- Decidir o que queremos de verdade para nossa vida;
- Transformar nossos sonhos em projetos executáveis;
- Traçar metas com método e disciplina;
- Sair da nossa zona de conforto;

- Trabalhar muito e com bastante determinação, a fim de cumprir o que planejamos;
- Ser otimista, persistente e autoconfiante;
- Fazer o que ama e amar o que faz.

É a partir disso que o universo conspira a nosso favor, independentemente das condições e das dificuldades que se apresentem no nosso dia a dia.

Contudo, não podemos negar que nem tudo depende da nossa vontade e sai como planejamos ou desejamos. A vida tem a própria dinâmica e as próprias regras, e temos que aprender a dançar com ela, se quisermos ser bem-sucedidos e desfrutar da música que nos bailes ela promove.

Precisamos aprender a encarar as dificuldades sob uma nova perspectiva, de modo que não sucumbamos ao desânimo, mas que vivamos a experiência e enfrentemos o desafio, elevando, assim, nosso aprendizado e nossa satisfação com os resultados que somos capazes de obter.

Nesse aspecto, é bastante interessante pensar sobre o questionamento feito pelo escritor e empreendedor Ryan Holiday, em seu livro *O obstáculo é o caminho*.

"[...] este obstáculo – este problema frustrante, infeliz, incerto, inesperado – impedindo-o de fazer o que quer. Esta coisa que você teme ou secretamente espera que jamais aconteça. E se não fosse assim tão ruim? E se inseridos nela ou a ela inerentes houvesse certos benefícios para você? O que você faria?".

Considero um questionamento impecável e pertinente, pois nos faz refletir sobre encarar os desafios de modo mais positivo, procurando o que há de bom para nós em cada um deles. Particularmente, acredito que todo problema já traz em si a raiz de sua solução e, de bônus, ainda nos oferece a oportunidade de aprendermos uma lição. Logo, quando surgir uma dificuldade, um problema, um obstáculo no caminho, isso não é razão para nos desesperarmos, e sim para comemoração. Dá trabalho resolvê-lo? Possivelmente. Mas se o encararmos com coragem e positividade, os ganhos sempre serão maiores do que os custos e os sacrifícios envolvidos.

Tudo depende das emoções que estiverem envolvidas nesse processo e como as gerenciamos.

Acredito que você concorde comigo quando digo que viver não é uma tarefa simples, nem fácil – nem poderia ser, porque, então, qual seria a graça de viver? Entretanto, a vida pode ser repleta de possibilidades, encantos, aventuras e muito prazer se nos dedicarmos a fazer que ela seja assim.

Nosso primeiro e maior desafio nesta jornada é vencer a nós mesmos – aliás, talvez esse seja o único e verdadeiro desafio. Afinal, quando nossas emoções aflorarem de maneira negativa, receberemos muitos convites mentais para desistir da luta, jogar a toalha e assumir a derrota. Contudo, quando pensarmos em desistir, o importante é que tenhamos em mente o fato de que a única renúncia que devemos aceitar é a de "desistir de nossas fraquezas" – e, então, renovar nossas forças para seguir em frente com coragem e determinação.

COMO VOCÊ SE ENCONTRA NESTE MOMENTO

A insegurança que se instala em tempos de grandes incertezas, o medo do desconhecido, do fato de não termos uma noção de futuro muito clara pela frente e, lógico, não termos definitivamente o "controle do futuro", acaba gerando ansiedade e instabilidade, que podem nos levar a um desequilíbrio emocional e até mesmo a um processo depressivo mais severo.

Não quero aqui me deter na negatividade de tais situações, nem tornar ainda mais pesada a carga emocional que talvez você esteja tendo de carregar atualmente. Desejo ressaltar que, em situações como essas, é imprescindível voltarmos a encarar a vida de forma mais positiva, a fim de sermos capazes de reverter nossas preocupações e elevar nossa energia vital.

Para fazer isso, o primeiro passo é ter consciência da situação em que nos encontramos. Sim, porque ninguém chega a lugar algum a que deseje ir sem saber, antes, de que local está partindo. Se seu objetivo for chegar a Belo Horizonte, caso esteja em São Paulo, você terá de seguir na direção norte. Contudo, se estiver em Belém do Pará, deverá seguir rumo ao sul.

Todo o trabalho de transformar nossa realidade depende de definirmos aonde queremos chegar, qual caminho iremos tomar e de onde vamos partir – e, acrescento aqui, em que condições emocionais nos encontramos no momento de preparar a viagem.

Meu conselho agora é que você pare por alguns instantes e analise a situação que está vivendo neste momento.

- Quais são as emoções e os sentimentos que mais estão afligindo-o?
- Quais emoções você sente que são mais difíceis de controlar, ou que estão deixando-o prestes a ultrapassar seus limites?

Vamos pensar um pouco juntos sobre isso.

- **COMO ESTÁ O SEU NÍVEL DE PREOCUPAÇÃO HOJE?**
Pode estar dentro da normalidade ou além do confortável. Talvez esteja até mesmo em um patamar que atrapalhe suas ações para resolver as dificuldades que você está enfrentando.

- **EM TERMOS DE ANSIEDADE, O QUANTO ESSE SENTIMENTO ESTÁ INTERFERINDO NO SEU COMPORTAMENTO E NAS SUAS ATITUDES NO DIA A DIA?**
É importante entender que você pode melhorar isso, mesmo considerando que suas atuais condições emocionais não sejam as mais adequadas.

- **VOCÊ ESTÁ SENTINDO MEDO OU INSEGURANÇA COM RELAÇÃO AO QUE ESTÁ POR VIR?**
Se o futuro lhe parece assustador, é preciso cultivar a esperança e enxergar uma luz no fim do túnel.

- **COMO ESTÃO OS SEUS RELACIONAMENTOS?**
Você está procurando manter contato com as pessoas que lhe são importantes, ou está optando pelo isolamento e pela solidão, agravando ainda mais o seu estresse emocional?

- **VOCÊ ESTÁ VALORIZANDO-SE E CONFIANDO QUE DARÁ A VOLTA POR CIMA, OU A SUA AUTOESTIMA ANDA TÃO BAIXA QUE MAL CONSEGUE OLHAR-SE NO ESPELHO?**
É preciso muito cuidado nesse ponto, porque a sua reação positiva diante da vida advém justamente da energia gerada pelo quanto você gosta de si mesmo e se admira.

- **A FRUSTRAÇÃO PELO SEU SENTIMENTO DE IMPOTÊNCIA LHE DÁ FORÇAS PARA SE REVOLTAR CONTRA A SITUAÇÃO E PARTIR PARA UMA AÇÃO POSITIVA DE RECUPERAÇÃO, OU O COLOCA AINDA MAIS PARA BAIXO E O DEIXA ENTREGUE À DESOLAÇÃO?**

    Lembre-se de que você pode, sim, usar sua energia a seu favor em vez de deixar que ela o puxe para baixo.

- **MUITAS VEZES A TRISTEZA SE TORNA SUA COMPANHEIRA CONSTANTE, SEM QUE VOCÊ TENHA FORÇAS PARA REAGIR E ALEGRAR SEU DIA?**

    Nesse caso, é preciso procurar aquela dose extra de esperança e entusiasmo que o fará acordar todos os dias pronto para reverter qualquer situação negativa.

- **O SENTIMENTO DE PERDA QUE VOCÊ AMARGA É MAIS FORTE DO QUE A SUA VONTADE DE LUTAR E LHE CAUSA PROSTRAÇÃO E DERROTISMO, OU VOCÊ AINDA É CAPAZ DE NUTRIR A RESILIÊNCIA QUE O LEVARÁ RUMO AOS MELHORES DIAS DA SUA VIDA?**

    É importante lembrar que sofrer por uma perda acontecida é normal e faz parte da vida e do desenvolvimento do nosso caráter. Sofra por sua perda sem sentir culpa. Mas não deixe que isso se transforme no seu jeito de viver. Viva o seu luto, mas depois levante a cabeça e volte à luta.

- **TODA ESSA SITUAÇÃO NEGATIVA QUE ESTÁ VIVENDO LHE CAUSA RAIVA E REVOLTA?**

    Lembre-se de que essa raiva e revolta podem ser usadas no sentido de levá-lo a reagir de modo positivo, de tal forma que você comece a mudar a situação atual em vez de simplesmente permanecer desanimado e abandonado à própria sorte.

- **É IMPORTANTE TER EM MENTE QUE A SOMA DE TODAS AS SUAS EMOÇÕES PODE DAR A VOCÊ A OPORTUNIDADE DE REAGIR E ERGUER-SE OUTRA VEZ.**

    Não há necessidade de simplesmente se entregar às ditas fatalidades e admitir que a situação não tem mais jeito. Essa reação depende apenas da sua decisão de fazer o seu dia de hoje ser melhor que o de ontem e o de amanhã ainda melhor que o de hoje.

- **O QUE VOCÊ ESTÁ FAZENDO COM A SITUAÇÃO QUE ESTÁ DIANTE DE SEUS OLHOS, PREENCHENDO SEUS DIAS E OCUPANDO SUA MENTE?**

É isso que, em última análise, vai definir o que você é hoje e para que tipo de futuro quer ir. Como diz a tão conhecida "Oração da Serenidade", é fundamental ter o bom senso de aceitar o que você não pode mudar, ter a coragem para mudar o que pode ser mudado e ter a sabedoria para entender a diferença entre cada uma dessas coisas.

E então? Onde você se encontra neste momento? Você está satisfeito com o que está vivendo? Deseja melhorar os seus dias? Sente que pode conquistar essa melhora? E o mais importante: você realmente quer conquistá-la? Sim, essa é uma questão crucial, porque existem pessoas que se acomodam até mesmo às piores situações e não se mexem para mudar nada na vida – ou porque não querem incomodar-se, ou porque têm medo de se arriscar.

Quanto àqueles que se acomodam e optam por continuar sofrendo, porque não querem ter o trabalho de mudar, acredito que não há muito a falar, a não ser deixar um alerta: como costuma dizer o psiquiatra e escritor Roberto Shinyashiki, "as pessoas sempre mudam quando a dor de ficar onde estão se torna maior do que a dor de mudar". Portanto, elas ainda irão mudar, porém vão experimentar o sofrimento por muito mais tempo até que decidam mover-se na direção certa.

Já para aqueles que ainda vacilam quanto a realizar as mudanças necessárias, porque têm medo de se arriscar e receio do que irão enfrentar, eu tenho uma coisa a dizer: existe, sim, o medo de arriscar e falhar, dá trabalho arriscar, é difícil agir sem ter a certeza de que o que você fará vai funcionar, e talvez a sua energia esteja baixa e torne difícil o começo da reação. Mesmo assim, é necessário tomar a decisão de se arriscar a sair de onde você está e lançar-se à incerteza. Essa é a sua única chance de mudar algo em sua vida.

Como já comentei, quando tinha seis anos e vivia em Santana dos Garrotes, pequena cidade no interior da Paraíba, eu me mudei com meus pais para Naviraí, no Mato Grosso, para fugirmos da seca. Tomar essa decisão foi difícil, pois havia muita incerteza sobre o que seria do nosso futuro, porém, em sua mente, meus pais tinham a certeza de que não queríamos mais sofrer a dor causada por toda aquela pobreza e a fome.

Em Naviraí, comecei a trabalhar e empreender muito cedo. Aos oito anos, eu era engraxate na rua. Por quê? A grande verdade é que eu não media esforços para vencer na vida. Eu continuava fugindo daquele estado de pobreza em que meus pais viviam, porque era doloroso demais.

Quando falo sobre esse assunto, gosto muito de citar Theodore Roosevelt, ex-presidente dos Estados Unidos da América e Prêmio Nobel da Paz em 1906, que disse: "é muito melhor arriscar coisas grandiosas, alcançar triunfos e glórias, mesmo expondo-se à derrota, do que formar fila com os pobres de espírito que nem gozam muito nem sofrem muito, porque vivem nessa penumbra cinzenta que não conhece vitória nem derrota".

Insisto agora em perguntar: E você? Onde se encontra neste exato momento? Quais pensamentos povoam a sua mente diante da situação que está enfrentando? Você está satisfeito com o que está vivendo, ou prefere mudar para algo melhor?

Pense bem sobre isso e comece a se posicionar diante da sua vida e daquilo que quer para si. Indo mais além: vamos aproveitar este momento de conscientização para positivar mais os seus pensamentos, antes de prosseguirmos com a nossa conversa. Pense um pouco sobre estas proposições que selecionei e veja o quanto concorda com elas.

- É muito melhor falhar do que nunca tentar.
- Tudo bem não ter controle sobre o curso que sua vida tomou.
- Você sempre tem alguma coisa que faz de maneira melhor do que a maioria das pessoas.
- Quando você realmente quer fazer alguma coisa, nada é capaz de impedir a sua realização.
- Se parar para pensar, você será capaz de listar, no mínimo, cinco coisas pelas quais é imensamente grato.

- Não importa tanto em que condições você está, mas sim aonde quer chegar.
- Se reparar com atenção, você perceberá que seus maiores medos, na maioria das vezes, nunca se tornaram realidade.
- Puxando pela memória, é possível lembrar-se de, pelo menos, duas coisas que o chateavam cinco anos atrás e que hoje não têm a mínima importância.
- Se você ainda não fez algo que deseja muito, isso não significa que não irá realizá-lo.
- Toda vez que você se arriscou a fazer algo, sempre teve algum ganho que valeu o risco e o trabalho.
- É muito melhor viver verdadeiramente do que apenas estar vivo.
- É sempre melhor parar de calcular os riscos e ir em frente para conseguir o que você quer.
- É melhor fazer o que você tem que fazer, independentemente se vão julgá-lo ou não.
- Você é, em essência, sábio o bastante para continuar progredindo na vida. Então, que conselho fundamental pode dar a si mesmo neste momento?

Se você se identificou com a maioria dessas proposições, com certeza tem condições de enfrentar suas dificuldades e administrar suas emoções de modo a dar um novo direcionamento à sua vida, caso a realidade que esteja vivendo hoje não lhe satisfaça. Você tem o potencial necessário para trabalhar suas emoções de tal maneira que elas passem a ser motivadoras das ações que o levarão ao sucesso e à felicidade.

Portanto, neste momento, acredito que você esteja pronto para avançar um pouco mais no caminho e apto a administrar de modo mais positivo a maioria das dificuldades que tem enfrentado no seu dia a dia e as emoções que, com certeza, elas despertam em seu peito.

Lembro e enfatizo que a solução para todas as nossas dificuldades passa, primeiro, pela aceitação de que elas existem e são parte natural da vida. Depois, precisamos ter certa dose de fé e a crença inabalável de que podemos superar os contratempos e sair mais fortes desse processo, o que fará toda a diferença em nossos resultados.

Quero finalizar este capítulo com mais uma pérola de sabedoria de Theodore Roosevelt:

"Acredite que você pode e já terá andado metade do caminho".

CUIDANDO DE SUAS EMOÇÕES

Diante da nova realidade do mundo atual, que exige cada dia mais e não dá trégua nos desafios, como ficam, então, as suas esperanças, os seus sonhos e os seus planos de construir sucesso e felicidade? Como você é capaz de lidar com todos os questionamentos intensos que essa realidade de mudanças traz? Mais ainda, e principalmente, como você pode lidar com as suas emoções, que às vezes parecem ter vida própria, diante da eventual dificuldade de mantê-las sob controle ou de, pelo menos, conviver com elas?

O que digo a você, amigo leitor, é que mexer em nossas convicções, em nossos apegos, nos valores que estamos praticando ou mesmo em nossos vícios de comportamento, causa dor, desconforto, conflitos e dificuldades. Desse modo, é preciso aprender a lidar com a dor emocional para nos despedirmos com gratidão de tudo o que ficou para trás e passarmos, com confiança, pelo necessário processo de transformação que nos levará rumo ao nosso próximo patamar de conquistas, sucesso e evolução.

É fundamental que você se habitue a agir e a reconstruir seus sonhos a todo momento, mesmo diante de toda e qualquer pressão que estiver tendo de enfrentar, porque a inação aumenta o risco de sucumbir ante a realidade externa que o desafia. A solução para as provas emocionais virá da sua decisão e sua disposição de ser mais assertivo e agir com firmeza rumo aos seus sonhos mais ousados.

É necessário, portanto, um gerenciamento emocional que o ajude a ter consciência dos seus sentimentos e das suas emoções mais profundas e a encarar e aprender a lidar com eles, a fim de que possa ter dias mais felizes e consiga virar a situação a seu favor.

Afinal, são os desafios que nos fazem crescer e trazem a valiosa oportunidade de olhar para dentro de nós mesmos, rever nossos valores e nossas prioridades na vida, descobrir nossa força interior e, por meio dela, determinar claramente o que de fato é essencial para nós. Depois disso, é chegada a hora de direcionarmos tudo o que fizermos e nossos comportamentos para que o objetivo estabelecido seja materializado.

Sem dúvida, a batalha é árdua e exige muito empenho e determinação, além da crença forte de que dias melhores virão. É fundamental confiar na vida e na sabedoria com que ela se desenrola. É preciso acreditar no melhor, pois da mesma forma que a vida nos apresenta problemas, ela traz soluções – sempre existe uma solução, não importa qual seja o problema. Basta olhar para trás e refletir sobre todos os desafios que a vida lhe trouxe até agora e você verá que tudo sempre se resolveu de alguma forma e que, no fim das contas, a jornada valeu a pena.

Entenda que grande parte da resiliência e da clareza de que você precisa para lidar com cada uma das suas emoções e a eventual instabilidade decorrente da conjuntura do mundo à sua volta tem origem nas decisões que toma e, também, na sua disposição para desenvolver a habilidade para lidar com situações desafiadoras e os desequilíbrios que elas podem provocar em seu modo de ver e sentir esses desafios.

Por isso, quero dizer que você vai precisar trabalhar em cada uma dessas frentes: aceitar que os desafios existem, aprender com eles, fortalecer-se e, então, provocar as mudanças em seu modo de ser. É assim que você se tornará um ser humano ainda melhor e desfrutará ainda mais da alegria de viver com esperança, confiança, fé e plenitude.

Nesse sentido, é importante ter a noção de que todo o trabalho a ser realizado na busca da felicidade e do prazer de viver deverá ocorrer a partir de uma motivação interna. Cada um de nós terá de trabalhar em seu autodesenvolvimento se quiser melhorar a forma como transita na nova realidade de cada dia e superar as dificuldades emocionais. Mesmo que o estímulo e as razões dessas dificuldades provenham do mundo externo, ainda assim essa batalha se dará no nosso íntimo, nos recônditos de nossa individualidade. Somente então, uma vez resolvidas intimamente as nossas questões, seremos capazes de influir de forma positiva no mundo e contribuir para que ele seja um lugar melhor para todos viverem.

Depois de fazer o exercício de conscientização apresentado no capítulo anterior, é bem provável que a esta altura você já tenha algumas certezas quanto ao que precisa mudar em sua vida; e é a partir daí que deve começar o seu processo de transformação.

É muito possível que algumas das dificuldades emocionais pelas quais você pode estar passando estejam diretamente ligadas a:

- Desejo de controle;
- Alimentação de ilusões;
- Medo;
- Preocupação;
- Solidão;
- Baixa autoestima;
- Insegurança;
- Sentimento de perda;
- Sensação de pressão sobre seus ombros;
- Tristeza, entre outros.

Minha proposta aqui é ajudar você a criar condições para que esses sentimentos e emoções possam ser, *a priori*, bem administrados, para então serem convertidos em motivadores e usados a seu favor, e não contra o que você almeja.

Como todos esses sintomas estão interligados, formando uma autêntica teia emocional, precisamos concentrar nossa atenção em resolver, ou amenizar, os principais deles; e, assim, toda a nossa rede de emoções começará a se deslocar para um patamar melhor. Cada pequeno fio da teia que puxarmos irá mexer na sua estrutura como um todo e gerar mudanças nas demais partes que a compõem. Uma mesma ferramenta, ou ação, que sirva para melhorar a maneira como lidamos com uma de nossas emoções nos ajuda e influi na melhora das demais.

Por isso, toda e qualquer mudança positiva obtida, por menor que possa parecer, é significativa, porque é sempre um passo em direção a uma qualidade de vida melhor que você irá conquistar, independentemente da situação que o cerca neste momento ou das dificuldades que precisa enfrentar. Portanto, o que realmente importa é você se munir de coragem e esperança e realizar as mudanças necessárias no presente para que possa construir um futuro mais pleno e feliz.

Antes de começarmos a falar de algumas emoções específicas, um derradeiro alerta: saiba que não existem soluções definitivas e infalíveis para lidar com desafios emocionais, nem que sirvam da mesma forma para todas as pessoas. Cada um tem de encontrar o próprio caminho, de acordo com o que sente em relação ao que está vivendo. É por isso que menciono, com base na minha experiência e na vivência adquirida e forjada com o enfrentamento de dificuldades e no gerenciamento de minhas emoções, alguns caminhos que trilhei que deram bons resultados e que você também poderá percorrer para lidar um pouco melhor com suas emoções.

Esse é o meu modo de contribuir para que você ganhe coragem e energia para transformar a sua vida para melhor e, então, leve a sua contribuição a fim de que outras pessoas invistam em si mesmas, melhorando a sua qualidade de vida e influenciando todos para a construção de um mundo melhor.

LIDANDO BEM COM A PREOCUPAÇÃO

De repente, a vida dá uma guinada, e algo inesperado acontece, um evento negativo, trazendo uma onda de medos e ansiedades que o fragiliza emocionalmente. Isso é parte natural da vida, porém, mesmo sabendo disso, você é ainda desafiado a testar sua capacidade de lidar com o desconforto decorrente de mudanças inesperadas e a insegurança do desconhecido. Assim, forma-se um terreno fértil para as incertezas, em que podem ser instalados os mais diversos níveis de preocupações.

Pela experiência que tenho tanto de vida como de empreendedor, sei que existe uma boa probabilidade de que você já tenha passado por uma situação semelhante. Diante do impedimento e/ou da incerteza de fazermos algo concreto, ou mesmo da impossibilidade de planejarmos um amanhã promissor, é provável que passemos a nos preocupar demais, gastemos energia, nos estressemos e nos angustiemos sem chegar à solução alguma.

Contudo, cabe ressaltar que é importante não confundirmos preocupação com prudência ou cautela. É bastante natural nos prevenirmos quanto a fatos ou possibilidades que comprometam nosso futuro; e nada há de errado nisso. Entretanto, quando você se preocupa em excesso ou pelas razões erradas, passa a usar sua energia para alimentar um comportamento pouco saudável e insiste em dizer a si mesmo que está apenas tentando proteger-se da situação incômoda presente na sua vida.

Preocupar-se – e, principalmente, ocupar-se – com algo que teremos de fazer ou viver é válido e demonstra responsabilidade, porém a preocupação excessiva com tudo que "imaginamos que pode vir a nos acontecer" é potencialmente nociva para nossa paz, nosso bem-estar e mesmo para nossos resultados.

A maneira como você administra suas preocupações é o que fará a grande diferença em sua qualidade de vida. É fundamental ter consciência de que você não pode tornar-se escravo das preocupações. Antes, é preciso ser senhor dos fatos, para que elas lhe sirvam apenas e tão somente como sinais de alerta, e você possa fazer, quando necessário, correções no seu rumo. Entregar-se à preocupação de peito aberto e de modo descontrolado é sinônimo de sofrimento extra, e isso não traz solução alguma para o que quer que o esteja afligindo. *"Se você tratar cada situação como uma questão de vida ou morte, você morrerá muitas vezes"* (Dean Smith, treinador de futebol inglês).

Algo que aprendi nos meus diversos embates com as preocupações é que, não importa qual seja a origem desse sentimento, a preocupação excessiva é uma forma de distração que tira do foco o que realmente é importante em nosso dia a dia. Quando estamos muito preocupados, temos dificuldades de nos concentrar no momento presente. Nossa consciência se desvia do "aqui e agora" e se projeta para tempos e locais distantes da experiência que estamos vivendo. Passamos a ficar entorpecidos por querer controlar em pensamento o que imaginamos que irá ocorrer no futuro. Com isso, afastamo-nos da nossa realidade e deixamos de perceber e suprir, em nosso mundo interior, tudo de que realmente precisamos para ser feliz hoje e continuar trabalhando na busca do sucesso.

Podemos dizer, sem dúvida, que tanto o fracasso quanto a miséria – material, mental e espiritual – têm grande parte de sua origem na preocupação excessiva que bloqueia a nossa ação, provoca o vitimismo, aciona o descontrole emocional, tira-nos do foco e promove a desconexão com a iluminação divina. Por essa razão, é importante que nos atentemos ao que disse tão propriamente o filósofo Sêneca: "*há* mais coisas que podem nos assustar do que nos esmagar; nós sofremos com mais frequência na imaginação do que na realidade". Com efeito, procure lembrar-se de uma ocasião em que você tenha ficado extremamente preocupado e quais foram os resultados desse evento. Tenho certeza de que concordará comigo nesse ponto.

A preocupação nos faz muito severos com nosso comportamento, exigindo que mantenhamos sob controle os fatos, as possibilidades, nossa vida e, muitas vezes, a dos outros. Como esse controle não nos pertence – é bem fácil perceber se analisarmos simples fatos do dia a dia –, nós nos frustramos, irritamo-nos e nos sentimos ainda mais impotentes diante da realidade. Dessa forma, perdemos muito daquilo que poderíamos desfrutar e realizar na vida e até mesmo acabamos vivendo menos tempo do que poderíamos. Assim declarou, também, o ator e escritor George F. Burns: *"se você perguntar qual é a chave mais importante para a longevidade, eu diria que é evitar preocupações, estresse e tensão"*.

Sim, existe muita perda quando fazemos das preocupações o nosso modo de ser. Eric Davis, ex-jogador profissional de beisebol, sinalizou: *"a vida é muito curta para se preocupar com qualquer coisa. É melhor você aproveitar, porque o dia seguinte não garante nada"*.

Finalmente, Walter Hagen, famoso jogador de golfe dos Estados Unidos, deixou-nos um conselho bastante sábio sobre como levar a vida: *"você está aqui apenas para uma rápida visita. Não se apresse. Não se preocupe. E não se esqueça de sentir o cheiro das flores ao longo do caminho"*.

Portanto, se você procura meios de se deixar levar menos pela preocupação – algo que penso ser um desejo inerente a todo ser humano que anseia por paz e felicidade –, saiba que a solução virá a partir de atitudes e posturas que você precisa adotar para conquistar efetivamente os resultados de crescimento pessoal que busca, tais como:

Aceitar que a reunião de todas as suas preocupações não poderá mudar coisa alguma em sua vida caso continuem a ser apenas preocupações. Como disse a humorista e jornalista Erma Bombeck: *"a preocupação é como uma cadeira de balanço: mantém você ocupado, porém, não o leva a lugar algum"*.

Trocar a preocupação pela ocupação. Preocupar-se é algo semelhante à situação do cachorro que corre atrás do próprio rabo: ele gira em torno de si mesmo, desgasta-se e nunca atinge o objetivo de abocanhar a própria cauda. Como disse o escritor e orador Dale Carnegie: *"nosso cansaço geralmente não é causado pelo trabalho, mas por preocupação, frustração e ressentimento*". A ocupação envolve ação direcionada, e a preocupação não gera resultados aproveitáveis, pois nos paralisa em um mesmo ponto, em torno de uma dificuldade da qual vamos apenas continuar a nos lamentar, sem tentar realmente resolver a situação.

- Compreender que atingir qualquer melhora que você busque faz parte de um processo. Logo, é preciso subir um degrau de cada vez, sem se preocupar com quantos degraus ainda faltam. São a constância e a permanência na caminhada que vão levá-lo ao topo, um dia após o outro, de modo seguro.
- Não se lamentar pelo que ficou para trás ou pelo que você deixou de fazer. Como disse Steve Jobs: "*não faz sentido olhar para trás e pensar: devia ter feito isso ou aquilo, devia ter estado lá. Isso não importa. Vamos inventar o amanhã e parar de nos preocupar com o passado*".
- Compreender que a vida sempre está lhe dizendo alguma coisa com cada prova que lhe apresenta; ela está tentando ensinar-lhe algo. Cada desafio é um convite para você melhorar e despertar da inação e mesmo da ignorância.
- Compreender que o amanhã pode ser incerto, mas a resposta para o futuro que você quer é uma semente que só pode ser plantada e cultivada no dia de hoje.
- Como disse o escritor Leo F. Buscaglia: "*a preocupação nunca rouba a tristeza do amanhã, apenas tira a alegria do hoje*". Concentre-se em viver um dia de cada vez. A vida cotidiana por si só já nos traz cargas demais e não carece que carreguemos o peso de um passado que não volta mais, nem de um futuro que ainda não existe.

As situações em que somos exigidos ao extremo requerem que voltemos nosso foco a encontrar soluções em vez de olhar somente para os problemas que estão nos consumindo. Embora isso possa parecer mais fácil de dizer do que fazer, é importante que comecemos a lembrar que o dia de hoje é tudo o que realmente temos de concreto e o momento em que podemos, de modo efetivo, agir, trabalhar, construir. Tudo que podemos fazer está restrito a este único dia. Nem o ontem nem o amanhã são campos de luta que oferecem soluções: eles nos proporcionam preocupações.

A preocupação é uma carga que você mesmo coloca sobre seus ombros. É preciso aprender a aliviá-la, compreendendo que suas dificuldades não são impedimentos e que tempos difíceis não são um tipo de castigo que a vida está lhe dando. É fundamental entender que todos os momentos de sua vida têm o propósito de lhe oferecer oportunidades de crescer.

Assim, precisamos mudar nossos paradigmas com relação à preocupação. Em vez de nos limitarmos e nos angustiarmos em decorrência de preocupações, podemos mudar nossa trajetória, passando a usar seus sinais como alertas, para que possamos perceber que estamos desviando-nos do caminho de construção da nossa fortaleza interior. Por mais que seja difícil lidar com uma situação que cause dor e/ou insegurança, é muito útil lembrar-se de que você sempre vivenciará o útil e o necessário para o desenvolvimento de suas potencialidades.

Não cabe a mim traçar parâmetros rígidos sobre como você deve comportar-se quando tiver de lidar com suas preocupações; contudo, é lícito sugerir que pensar cuidadosamente em todos esses pontos sobre os quais o estou alertando lhe trará inúmeros ensinamentos e inspirações para a construção de um dia a dia mais tranquilo, produtivo e feliz, mesmo em meio a tempos turbulentos.

Com base na minha experiência, posso afirmar que é bastante útil agir do modo como Gavin de Becker sugeriu em seu livro *Virtudes do medo: sinais de alerta que nos protegem da violência*:

"Quando você começar a se preocupar, pergunte a si mesmo: o que estou preferindo não ver neste momento? Que coisas importantes estou perdendo porque escolhi a preocupação em vez da introspecção, do estado de alerta ou da sabedoria?".

Agir, tomar uma atitude assertiva e proativa irá ajudar você a resolver o seu sofrimento com as preocupações. A verdade é que o ser humano tende ao comodismo, à acomodação, mas a vida não admite isso como ponto de chegada, fim de carreira e destino da nossa passagem por este mundo, pois viver é crescer e transmutar-se para algo superior ao que somos hoje. Contudo, essa evolução, na maioria das vezes, só é estimulada a partir de uma dor que nos obrigue a mudar. Para ilustrar essa ideia, quero compartilhar com você uma pequena história que circula nas mídias sociais, sem autoria definida, e ilustra bem esse conceito:

> Um homem estava deitado em um banco de uma praça. Como ele gemia muito, um garoto que passava ficou preocupado e se aproximou, perguntando:
> – Desculpe-me, senhor, mas há algo de errado? Posso ajudá-lo de alguma forma?
> E o homem respondeu: – *É que tem um prego aqui no banco e eu estou deitado bem em cima dele.*
> – Mas, então, por que é que o senhor não se levanta? – Perguntou o garoto.
> – Porque não está doendo o suficiente para eu me dar ao trabalho de me levantar! – Respondeu o homem.

E quanto a você? Continua sentado em cima de um prego, ou já decidiu levantar-se do banco e fazer algo mais positivo e construtivo em sua vida? Lembre-se de que se preocupar e reclamar da sua dor não resolve coisa alguma.

Creio que, a esta altura da nossa conversa, você já esteja começando a concordar comigo quando digo que, em vez de esperar que a dor se torne forte o suficiente, é mais sábio tomar atitudes mais adequadas a fim de lidar com as suas preocupações. Uma forma positiva de desempenhar essa ação, em especial em situações de crise, é considerar que façamos as coisas certas, que precisam ser realizadas na hora certa, no momento presente, no agora. É preciso, ainda, colocar em prática na sua vida o que hoje em dia vem sendo chamado de presença plena, ou *mindfulness*, sem tentar adivinhar o que pode vir a ser o depois, o amanhã, ou quais serão os resultados ou as novas solicitações e demandas.

Cada pessoa tem de encontrar a própria maneira de lidar com a preocupação, um modo que funcione melhor para si mesma e a liberte do peso de carregar a obrigação de resolver tudo, em especial quando a solução estiver além do seu alcance.

Para ajudar na compreensão dessa ideia, costumo citar uma antiga oração – a qual, inclusive, foi adotada pelos Alcoólicos Anônimos como motivação para continuarem lutando contra o vício – cuja autoria é atribuída ao teólogo norte-americano Reinhold Niebuhr: "*Senhor, dai-me serenidade para aceitar as coisas que não posso mudar, coragem para mudar as coisas que posso e sabedoria para conhecer a diferença entre elas*" (tradução livre). Essa é uma das orações mais poderosas que conheço para ajudar a nos livrarmos das preocupações excessivas.

Quando se trata de lidar bem com as preocupações, todas as estratégias são muito bem-vindas. Por isso apresento, agora, algumas ideias selecionadas por Tatiana Pimenta, CEO e fundadora do site Vittude. Tatiana propõe algumas atitudes para que passemos a nos preocupar menos e, assim, atenuemos o sofrimento que o excesso de preocupações traz para nossa vida:

- **Desistir de querer ter controle sobre tudo;**
- **Acrescentar momentos de silêncio à nossa rotina;**
- **Exteriorizar nossos problemas;**
- **Acreditar mais em nós mesmos.**

Quero falar um pouco mais sobre cada uma delas.

Desistir de querer ter controle sobre tudo: precisamos parar de querer controlar tudo em nossa vida. Podemos fazer diversos planos, e isso é bastante útil e ajuda a nos organizarmos para atingir nossos objetivos, no entanto, não podemos prever os resultados de tudo o que planejamos e, muito menos, querer ter sob controle todos os fatores envolvidos. A vida é feita de inconstâncias, improbabilidades e fatos que não estavam previstos. Como dizia o personagem Joseph Climber, interpretado pelo brilhante humorista Welder Rodrigues, "*a vida é uma caixinha de surpresas*". Eis que tudo pode mudar, de um momento para outro.

Nesse enfoque, uma frase bastante popular e bem-humorada, porém muito séria e verdadeira – cuja autoria desconheço –, diz que "*quando penso que tenho todas as respostas, vem a vida e muda todas as perguntas*". Essa é a mais pura verdade... A vida jamais nos permite dormir sobre os louros da vitória, uma vez que sempre nos apresenta novos desafios para nos manter em constante evolução.

Portanto, quando você decide ter o controle da sua vida, isso se torna uma grande armadilha, mental e emocional, gerando mais estresse, insegurança, angústia e preocupação. Veja um exemplo de como a coisa toda funciona na nossa mente, explicado com base no que escreveu o psicólogo clínico Sinésio Capece, em seu artigo "Caminhando entre a euforia e a depressão":

> Para nós, na condição de seres humanos, se torna praticamente impossível ficar fixados o tempo todo na realidade da vida. Ela é muito doída... Em geral, preferimos substituir uma impotência real por uma potência imaginária (que nos dá a sensação de que estamos no controle de tudo)... No entanto, por ser algo ilusório, não tem consistência e um dia se rompe. Neste rompimento, esse pensamento ilusório de que 'tudo posso' desaparece e em seu lugar aparece um outro, o 'então nada posso', acompanhado de um sério sentimento de impotência e frustração.

Portanto, querer manter tudo sob controle é algo ilusório, que não se sustenta e que acaba desaguando em frustração. Portanto, precisamos abrir mão da nossa mania de querer segurar as rédeas da nossa vida e de tudo ao nosso redor a qualquer custo e saber aceitar as situações como são, usando-as como lições para enriquecer o nosso modo de ser e de viver.

É preciso relaxar e viver de modo mais leve, fluido. De vez em quando, deixar que a vida nos leve para onde ela quiser nos levar. De vez em quando, no ônibus do nosso destino, precisamos aceitar que é necessário entregar o volante para a vida e assumir o lugar de simples passageiros. É claro que não devemos deixar de lado a parcimônia e o bom senso, mas, às vezes, precisamos dar a nós mesmos o direito de nos soltar e seguir o conselho do cantor e compositor Zeca Pagodinho: "deixa a vida me levar/ vida leva eu". E, claro, sem jamais nos esquecermos daquela parte da música que diz "sou feliz e agradeço/ por tudo que Deus me deu".

Acrescentar momentos de silêncio à nossa rotina: não há necessidade de pensar em tudo a todo instante. Recebemos inúmeros estímulos em nosso dia a dia, e isso estressa e desgasta a mente. Precisamos de períodos de silêncio, para que possamos nos encontrar com nós mesmos e realinhar nossas energias.

É importante que você se acostume a meditar, a criar oportunidades de acalmar sua mente, seu corpo e sua alma, desacelerando seus pensamentos. A meditação é uma excelente ferramenta para o relaxamento e nos ajuda a enxergar a vida com mais clareza e leveza.

Existem aplicativos para celular e cursos disponíveis para quem deseja começar a meditar, os quais não exigem grande conhecimento, muitas horas diárias de dedicação, nem lugares especiais para a prática. É possível começar com exercícios de respiração e ir progredindo com o hábito e o interesse em aprender alguma técnica básica para meditar e que se adeque à nossa realidade pessoal.

Exteriorizar nossos problemas: precisamos nos acostumar a tirar de nossa mente os pensamentos que nos atormentam. Conversar com alguém sobre eles com frequência ajuda bastante. Escrever a respeito desses problemas é, também, uma técnica muito útil. Podemos descrever detalhadamente cada pensamento que nos aflige, para entender o porquê de estar nos incomodando, e isso pode até nos dar alguns *insights* sobre como resolver a situação. Outra estratégia poderosa é buscar o acompanhamento de profissionais que possuem escuta qualificada, como psicólogos e psicoterapeutas, capacitados para nos ajudar a lidar com nossas preocupações.

Acreditar mais em nós mesmos: é óbvio que nem tudo que acontece conosco é negativo. Consequentemente, não devemos esperar sempre o pior, nem nos prepararmos para enfrentar apenas desventuras na nossa vida. Durante toda a minha jornada como empreendedor eu fracassei diversas vezes, mas jamais deixei que em minha mente se formassem imagens de que eu não teria êxito. Portanto, afirmo com toda a certeza que, quando acreditamos mais em nós mesmos, livramo-nos das preocupações e, ao criarmos diálogos e cenários em nossa mente que nos levem a visualizar situações positivas, conseguimos nos preparar e manter um *mindset* assertivo.

Outro ponto a ser considerado: quando se deparar com algo inesperadamente ruim, é importante acreditar que você tem a capacidade de lidar com a situação. É preciso confiar em suas habilidades para resolver problemas em vez de simplesmente se entregar à preocupação.

LIBERTE-SE DAS PREOCUPAÇÕES

Cada dia fornece as oportunidades de que precisamos para crescer e evoluir como seres humanos. Nada acontece por acaso nem dura para sempre. Não é preciso preocupar-se, pois tudo ocorre como tem que ser. Precisamos de paciência para seguir em frente, sempre com foco no dia de hoje, um dia de cada vez.

A. Parthasarathy, mais conhecido como Swamiji, um filósofo e expoente do Vedanta, uma das antigas filosofias da Índia, ensina que a mente está o tempo todo preocupada com o que aconteceu no passado, ou ansiosa com o que vai acontecer no futuro. A ansiedade esgota a energia humana e bloqueia o raciocínio. O estresse é criado pela agitação mental, e essa se torna a causa da preocupação.

Swamiji defende que precisamos desenvolver nosso intelecto, o qual é a sede da razão e da racionalidade, para que possamos manter a divagação e a ansiedade sob controle. Ele diz que, se observarmos as crianças, veremos que não estão preocupadas com o passado ou ansiosas pelo futuro, e é isso que fornece aos pequenos toda a energia para se manterem em constante movimento. Precisamos aprender a ser como as crianças.

É importante que você se acostume a usar seu intelecto para se libertar das preocupações e da ansiedade. Isso tornará sua vida mais estimulante e divertida, além de lhe trazer inspiração para encontrar soluções criativas e adequadas para a superação dos desafios da vida, mesmo quando estiver diante de algo mais grave no cotidiano. Afinal, não deixar que a preocupação domine sua vida pode parecer complicado demais, mas na realidade é bem simples, porque depende apenas de você mesmo e da forma como encara os eventos que surgem pela frente.

Quero convidar você a reduzir suas preocupações usando a estratégia de aproveitar o agora, de viver intensamente o momento presente. Eu sempre me dediquei intensamente a cada um dos empreendimentos que criei na vida, por mais simples ou mais complicados que eles fossem, e por isso aprendi com cada um deles, independentemente de terem ido para a frente ou não.

Meu conselho é que você tenha sempre em mente que a incerteza é parte fundamental da nossa existência e que, se não tivéssemos desafios, não teríamos o prazer da vitória. Assim, não permita que o medo do que está por vir domine sua vida, nem que as incertezas encham sua mente de preocupações. Lembre-se de que essa é uma escolha só sua.

ALGUMAS PRÁTICAS PARA LIDAR MELHOR COM PREOCUPAÇÕES

Existem muitos caminhos, técnicas e atividades que podem ajudá-lo a lidar melhor com as preocupações. A seguir, você conhecerá, de maneira simplificada, alguns que eu considero bastante eficientes e que poderá colocar em prática rapidamente, deixando seu dia a dia melhor e mais produtivo.

Tenha consciência de seus pensamentos preocupantes. Temos uma grande tendência a nos preocupar com coisas que ainda não existem e que talvez nem venham a existir, mas tememos que irão ocorrer no futuro. Essa insegurança faz parte do comportamento humano e, muitas vezes, leva a resultados desastrosos.

Adaptei, a título de ilustração, o interessante conto a seguir, originário da filosofia do oriente médio e bastante conhecido nos meios de Internet, porém sem autoria comprovada, que nos convida a refletir a respeito de nossas preocupações como frutos dos nossos medos imaginários:

> Certa manhã, a morte chegou a uma cidade nas montanhas e solicitou uma audiência com o alcaide. Nessa ocasião, avisou ao dirigente

local que estava lá para levar cem pessoas. Entendendo que não havia espaço para negociação com a morte, embora fosse uma situação horrível de se pensar, o alcaide aceitou pacificamente o destino que ela viera cumprir.

Depois de alguns dias, a morte voltou à cidade e foi interpelada pelo alcaide, que alegou:

– Você prometeu levar cem vidas, mas mil pessoas morreram. Você *não foi honesta no que combina*mos.

Ao que a morte respondeu:

– Eu mantive a minha palavra. Levei apenas cem pessoas. A preocupação levou as demais.

Além dos prejuízos óbvios da preocupação em excesso e por motivos errados, o mais complicado é que, muitas vezes, nem ao menos estamos conscientes de tais preocupações, o que agrava ainda mais nossa falta de tranquilidade e objetividade para lidar com as situações que aparecem em nossa vida.

Precisamos ter consciência dessa tendência a nos preocupar demais, e uma forma de começarmos a fazer isso é habituando-nos a observar os pensamentos preocupantes, procurando notar quando estivermos incomodados sem um motivo real.

Essa observação, feita toda vez que você se sentir preocupado, irá, aos poucos, treinar sua mente para que ela perceba com mais facilidade o que é real ou não e evitar deixar que seus pensamentos e suas preocupações se transformem em fontes de angústia e ansiedade, responsáveis por tantas noites de sono perdidas.

Pratique a atenção plena. Não tente ignorar, lutar ou controlar seus pensamentos ansiosos e preocupantes. Em vez disso, apenas os observe com total atenção, porém desapaixonadamente, como se eles não fossem seus. Olhe para eles sob a perspectiva de um estranho, sem reagir ou julgar. Observe que, quando você não tenta controlar os pensamentos ansiosos que surgem, eles logo passam, como nuvens movendo-se no céu. É apenas quando você se envolve nas suas preocupações que fica preso a elas.

Se você se vir preso a um pensamento específico, volte sua atenção para o momento presente. Cada vez que você volta seu foco para o presente, está reforçando um novo hábito mental que o ajudará a se libertar do ciclo de preocupação negativa.

Elimine as preocupações sem sentido. Entre os orientais, é comum um pensamento antigo, de autoria não definida, que diz o seguinte:

Quase metade do que me preocupa nunca vai acontecer. Um quarto do que me preocupa diz respeito a situações antigas, com relação às quais nada posso fazer. Um décimo do que me preocupa é consequência de críticas que recebi, a maioria falsas, feitas por pessoas que se sentem inferiores a mim. Outro décimo do que me preocupa está relacionado à minha saúde, que só vai piorar enquanto eu me preocupar. E, finalmente, somente menos de um décimo do que me preocupa merece mesmo a minha atenção.

A partir desse raciocínio, podemos entender que o problema real na vida é somente uma pequena parte daquilo com que nos preocupamos. Portanto, é bastante sábio que eliminemos a maioria das preocupações, pois elas não têm sentido.

ENTENDA QUE PREOCUPAÇÃO É DESPERDÍCIO DE TEMPO

Conta-se nos meios artísticos que, certa vez, pouco tempo antes da apresentação de um grande concerto numa sala repleta de gente, um membro da orquestra de Arturo Toscanini se aproximou do notável maestro italiano com uma expressão de puro terror e preocupação, e disse:

– Maestro, meu instrumento não está funcionando direito. Já vamos começar em alguns instantes e não consigo alcançar a nota mi bemol. O que farei?

Toscanini olhou para o homem com espanto e então sorriu gentilmente, passou um braço em volta dos ombros do músico e falou:

– Meu amigo, não se preocupe com isso. A nota mi bemol não aparece em parte alguma da música que você vai tocar esta noite.

Embora não haja uma comprovação da veracidade deste conto, o exemplo serve perfeitamente para ilustrarmos o tema aqui abordado.

Existem pesquisas que provam que, quando fazemos uma lista de todas as coisas com as quais nos preocupamos durante determinado período e revisamos esses registros, vemos que a maioria dos nossos problemas e angústias em relação ao futuro nunca chegou a acontecer. Isso significa que a maior parte do tempo que dedicamos à preocupação, mesmo aquelas do tipo construtivo e que nos levam a tentar encontrar uma solução para o que nos incomoda, é desperdiçada.

Para evitar esse desperdício de tempo e energia, é necessário submeter as fontes potenciais de preocupação à luz fria e analítica da razão. Que tal então nos habituarmos a perguntar quais são as chances de o problema que temos em mente realmente acontecer?

Desapegue-se da preocupação. Muitas vezes, o hábito de se preocupar é tão comum que a preocupação é ativada em nosso sistema sem que percebamos, e nos apegamos a ela de tal maneira que a carregamos conosco, como se fosse um bem precioso do qual não devemos separar-nos.

Para parar de se preocupar demais: eu recomendo que, primeiramente, você procure lembrar-se das tantas vezes em que carregou uma preocupação inútil. Em seguida, tenha consciência das tantas ocasiões em que levou consigo o fardo de seus pensamentos preocupantes. Uma velha história, muito presente nas redes sociais e sem informação de autoria comprovada, ilustra bem esta nossa conversa:

> Conta-se que dois monges estavam voltando ao mosteiro à noite. Chovera muito e havia poças d'água nas beiras da estrada. Em certo lugar, uma bela jovem não conseguia prosseguir viagem por causa de uma grande poça d'água em seu caminho. O monge mais velho se aproximou da jovem, colocou-a nos ombros e a deixou do outro lado da estrada. Em seguida, retomou seu caminho para o mosteiro. Já no mosteiro, o monge mais jovem foi até o ancião e o questionou:
> – Senhor, como monges, não podemos tocar em uma mulher, não é verdade?

O monge mais velho respondeu:
– Sim, é verdade, irmão.
Então o monge mais jovem perguntou novamente:
– Mas então, como é que o senhor carregou nos ombros aquela mulher que estava na beira da estrada?
O monge mais velho sorriu para ele e retorquiu:
– Meu jovem, carreguei aquela mulher por uns poucos metros e a deixei do outro lado da estrada. Mas você a está carregando até agora!

Com frequência, fazemos questão de carregar a preocupação conosco quando tudo o que precisaríamos seria largá-la na beira do caminho. É necessário abandonar o fardo de nossos temores. Portanto, desapegue-se da sua preocupação, deixe de tê-la como um bichinho de estimação. Largue-a no meio do caminho e siga em frente.

Avalie se a sua preocupação pode ser resolvida. Se a inquietação que você tem puder ser resolvida, ótimo. Então a resolva. Não há por que se preocupar. Caso ela não possa ser resolvida, então tudo bem: resolvida ela já está. Não há por que se preocupar.

Preocupações produtivas e solucionáveis são aquelas nas quais você pode agir imediatamente. Faça uma lista de todas as soluções possíveis em que puder pensar. Depois, elabore um plano e comece a fazer algo a respeito do problema. Dessa forma, você se sentirá muito menos ansioso e preocupado.

Preocupações improdutivas e insolúveis são aquelas nas quais não há ação possível para solucioná-las. Para parar de se preocupar, aceite a realidade dos fatos e foque em outras coisas. Concentre-se naquilo que você tem o poder de mudar em vez de se preocupar com circunstâncias ou realidades que estão além do seu controle.

Estipule um horário para se preocupar. Pode até parecer uma proposta não executável, mas, na verdade, estou apenas sugerindo que você organize as suas preocupações. É impossível fazer qualquer coisa se você mantiver todas elas em sua mente. Então, entre em um acordo consigo mesmo e diga para si algo como: "nesta próxima hora, não vou me preocupar com coisa alguma que não tenha a ver com o que estou fazendo".

Se alguma preocupação surgir em sua cabeça, lembre-se imediatamente do seu acordo e a afaste dos seus pensamentos. Diga à sua preocupação algo como: "depois eu cuido de você. Agora não é o momento", e siga em frente, fazendo o que é preciso naquele momento. É claro que isso não é tão simples de ser feito, porém, com um pouco de treino, você vai obter excelentes resultados.

Marque uma hora específica para se preocupar. Em vez de tentar parar ou livrar-se de um pensamento ansioso, permita-se preocupar-se com ele em um horário estipulado. O restante do seu dia poderá, portanto, ser uma zona com menos preocupações.

Para facilitar, você pode escrever uma lista com tudo o que está angustiando-o. Se um pensamento ansioso ou uma preocupação vier à sua cabeça durante o dia, anote-o rapidamente e continue vivendo o seu dia. Lembre-se de que você terá tempo para pensar sobre o assunto mais tarde. Revise sua "lista de preocupações" no horário que você estipulou para isso. Se os pensamentos que você escreveu ainda o incomodam, preocupe-se com eles, mas apenas no tempo especificado como o seu "período de preocupação" – e, nesse momento, avalie possíveis soluções para tudo o que estiver inquietando-o.

Desafie seus pensamentos. Durante o tempo que você estipulou como seu "período de preocupação", desafie seus pensamentos negativos, perguntando-se:

- Qual é a evidência de que o que você está pensando é verdadeiro?
- Existe uma maneira mais positiva e realista de encarar essa situação?
- Qual é a probabilidade de que aquilo de que você está com medo realmente aconteça? E, caso ocorra, quais são alguns dos resultados mais prováveis?
- O pensamento que você está tendo é útil? De que forma preocupar-se com isso vai ajudá-lo e de que modo pode atrapalhá-lo?
- O que você diria a um amigo que estivesse vivenciando essa mesma preocupação? Por quê?

PRATIQUE TÉCNICAS DE RELAXAMENTO

Levante-se e mexa-se! Os exercícios físicos são um tratamento natural contra a preocupação e uma estratégia altamente eficaz, porque libera endorfinas, que aliviam a tensão e o estresse, aumentam a energia e a sensação de bem-estar. Faça aulas de ioga ou tai chi chuan. Ao concentrar a mente nos movimentos e na respiração, tais práticas ajudarão você a manter a atenção no momento presente, clareando a mente e levando-a a um estado de relaxamento.

Enfim, eu poderia citar aqui inúmeras estratégias, técnicas e práticas para você treinar e diminuir suas preocupações ou, pelo menos, não deixar que elas o sufoquem. Muitas delas eu mesmo pratico, com excelentes resultados. Como o assunto é extenso, vou mencionar apenas algumas delas, cujos resultados positivos estão de comum acordo entre as pessoas que as praticam e com os profissionais especializados.

Medite. A meditação age mudando seu foco, tirando-o da preocupação com o futuro ou com o passado e trazendo-o para o que está acontecendo agora. Ao estar totalmente engajado no momento presente, você será capaz de interromper o ciclo interminável de pensamentos negativos e preocupações.

Experimente respirar profundamente. Quando você se preocupa, fica ansioso e respira mais rápido, o que, em geral, nos deixa ainda mais ansiosos. Com a prática de exercícios de respiração profunda, você poderá acalmar sua mente e deixar de lado pensamentos negativos. Quanto mais praticar, maior será o alívio da ansiedade, e você começará a sentir que tem maior controle sobre seus pensamentos ansiosos e suas preocupações.

Pratique exercícios físicos. De acordo com o que ensina Ryan Holiday, autor do livro *O obstáculo é o caminho*, podemos concluir que existem recursos que nos ajudam a lidar com a preocupação e são comuns no dia a dia de todas as pessoas, funcionando muito bem na vida da maioria de nós. Em geral, praticar exercícios físicos, fazer caminhadas em lugares aprazíveis, meditar, ouvir boa música, orar, rir, conversar com amigos sinceros e com quem possamos nos abrir costumam aliviar a tensão e trazer as preocupações para patamares mais amenos e administráveis.

Existem, além das que mencionei, diversas soluções práticas que podem ajudar a não nos entregarmos às preocupações. Pesquise e experimente até encontrar uma que se adeque mais ao seu perfil e o deixe mais à vontade e satisfeito. Apenas não se omita. A nossa paz e a nossa felicidade exigem que sejamos ativos e atuantes na eliminação ou no controle das nossas preocupações.

A evolução do ser humano é uma necessidade e uma realidade inquestionável, de modo que a vida vá continuamente nos chacoalhar para que saiamos da nossa zona de conforto e nos empenhemos em um processo de mudança, transformação e crescimento. Isso, sem dúvida, sempre nos causará certo nível de preocupação, mas não podemos permitir que ela tome conta da nossa mente e da nossa vida.

Para finalizar este capítulo, quero deixá-lo com duas citações inspiradoras sobre a forma como devemos lidar com as preocupações. A primeira é da jornalista e escritora Mary Hemingway, que afirmou: *"se preocupe um pouco todos os dias e você perderá alguns anos de sua vida. Se algo estiver errado, corrija se puder. Mas treine para não se preocupar. A preocupação nunca corrige nada"*. A segunda colocação foi feita pelo estadista britânico Winston Churchill: *"quando olho para todas essas preocupações, lembro-me da história do velho que disse em seu leito de morte que teve muitos problemas em sua vida, a maioria dos quais nunca tinha acontecido"*.

GERENCIANDO A ANSIEDADE

O escritor Francisco do Espírito Santo Neto, em seu livro *As dores da alma*, orienta-nos: *"a reunião de todas as nossas ansiedades não poderá alterar nosso destino; somente nosso empenho, determinação e vontade no momento presente é que poderão transformá-lo para melhor"*. Ainda falando do controle da ansiedade, podemos citar a praticidade de um conselho dado pelo escritor norte-americano Walter Anderson: *"nada diminui a ansiedade mais rápido do que a ação"*.

A ansiedade em si é uma resposta natural do ser humano ao estresse provocado por uma série de situações ou eventos sobre os quais não temos controle, tendo, também, um papel importante no que diz respeito a enfrentarmos situações de perigo. Ela difere do medo, porque este é uma resposta emocional a uma ameaça imediata e está mais associado a uma reação de luta ou fuga, e a ansiedade está relacionada à antecipação de uma preocupação futura, ligada a um mecanismo de prevenção.

Quando enfrentamos um quadro de ansiedade temporária, como a que sentimos diante de um evento potencialmente estressante, por exemplo, dar uma palestra, submeter-se a uma cirurgia ou participar de uma competição, isso pouco apresenta de problemático. Durante eventos desse tipo, é natural sentirmos medo, inquietação, angústia, ansiedade e preocupação. Somente quando a ansiedade for excessiva, a ponto de afetar o nosso bem-estar e os nossos relacionamentos pessoais ou profissionais, é ela que se torna um transtorno e, portanto, precisa ser tratada, até mesmo com a ajuda de profissionais especializados, em determinados casos.

A verdade é que quaisquer que sejam a pressão psicológica e o estresse a que você esteja submetido, é fundamental cuidar da sua saúde mental para que possa conquistar o equilíbrio e ter uma vida mais tranquila.

Quanto maior for a pressão, mais cuidadosos e determinados devemos ser a fim de não perdermos de vista a esperança de solução. Ali Ibn Abi Talib, um dos califas sucessores de Maomé, ensinou-nos: "*n*ão deixe suas dificuldades enchê-lo de ansiedade; afinal, é apenas nas noites mais escuras que as estrelas brilham mais intensamente".

Quando eu era adolescente e terminei o ensino fundamental, fiquei sabendo que na pequena cidade de Pimenta Bueno, onde eu vivia na época, não havia ensino médio – o que gerou certa ansiedade em mim, pois isso era um obstáculo imenso que atrapalhava o meu sonho de continuar a estudar. Contudo, em vez de me deixar paralisar por essa situação, enchi-me de coragem, deixei tudo para trás e fui embora para João Pessoa, na Paraíba, e, logo em seguida, para Recife, Pernambuco, onde poderia continuar meus estudos.

Se observarmos com atenção, é fácil perceber que estamos habituados a cultivar a ansiedade e os medos imaginando eventos catastróficos que poderão vir a ocorrer – ou não – em nossa vida. Queremos ter domínio sobre o dia de amanhã e transformamos isso em uma espécie de doença espiritual. O escritor Khalil Gibran nos ensinou que *"nossa ansiedade não vem de pensar no futuro, mas de querer controlá-lo"*. É importante entender que o poder presente em nossas crenças e nossos pensamentos é determinante em tudo o que ocorre em nosso dia a dia e na realidade que nós mesmos criamos e passamos a viver.

Quando você se preocupa demais com o futuro, não vive o agora e fica paralisado diante de expectativas que podem ser realmente assustadoras, deixam seu presente nebuloso e turvam seu prazer de viver e sua paz de espírito. É preciso afastar a ansiedade e a preocupação; para isso, o melhor remédio é continuar a agir fortemente na direção daquilo que você quer realizar.

Por outro lado, também temos o hábito de tentar idealizar nosso futuro, de modo que fiquemos ansiosos por ele. Atribuímos momentos felizes à nossa vida, mas, muitas vezes, apenas como expectativas irreais, encaixando-os em ocasiões especiais que nem sempre – ou quase nunca – se realizam da maneira como imaginamos. Além de nos colocarmos, de novo, como candidatos a uma felicidade que só poderá concretizar-se no futuro, ainda corremos o risco de, quando o fato sonhado tiver se concretizado, a realidade não corresponder exatamente à nossa idealização prematura, o que, invariavelmente, nos causará frustração e desalento.

Sob esse enfoque, fica nítida a importância de cuidarmos melhor dos nossos pensamentos habituais e de analisarmos nossas crenças mais profundas, a fim de percebermos o que está determinando as situações que estamos vivendo e sermos mais cientes de como olhamos para nossos desejos, nossos receios e nossas esperanças. Precisamos ter claro o que é real na nossa vida e o que são fantasias geradoras de ansiedade. Como afirmou o filósofo Sêneca, *"estamos mais frequentemente assustados do que feridos; e sofremos mais com a imaginação do que com a realidade"*.

No fim das contas, é a qualidade dos nossos pensamentos e das nossas crenças que determinará o quanto de ansiedade teremos que vivenciar, ou o quanto dela poderemos evitar. Existem algumas práticas diárias que você pode adotar com a intenção de reduzir a ansiedade. Apresento, a seguir, algumas sugestões:

Cuidar de si mesmo. O autocuidado é um dos passos fundamentais para gerenciar a ansiedade. A partir do momento em que você assume a responsabilidade por sua mudança e toma a decisão de sair do estado ansioso, muitas portas se abrem. Existem diversas maneiras simples e efetivas de cuidar de si mesmo e relaxar, incluindo buscar a ajuda de outras pessoas e de profissionais especializados.

Um dos profissionais mais ativos e empenhados no propósito de ajudar a reduzir o estresse e a ansiedade presentes na vida das pessoas tem sido o dr. Deepak Chopra, um renomado médico indiano que também estimula e orienta sobre o autocuidado na luta contra a ansiedade. Segundo ele, cuidar de si mesmo, dar atenção aos seus sentimentos, às suas emoções e procurar ser bondoso consigo mesmo são as melhores opções para quem sente ansiedade em intensidade que varie de leve a moderada, independentemente de estar sendo causada por um evento específico ou não.

De acordo com Chopra, em seu artigo *How to get over your anxiety*, podemos aliviar a ansiedade seguindo e adotando algumas posturas que facilitam o cuidado com nós mesmos, ou seja:

- Admitir para nós e para pessoas próximas que estamos ansiosos;
- Buscar apoio para lidar com a ansiedade;
- Não fingir que não está ansioso;
- Dormir em horário regular e ter ao menos oito horas de sono por noite;
- Aprender a lidar com a ansiedade com responsabilidade;
- Evitar o álcool, o tabaco e substâncias do gênero;
- Construir uma mente tranquila;
- Aceitar que o caminho está certo.

Vamos explorar um pouco mais cada uma dessas sugestões, além de outras que também são muito úteis devido à grande importância contida nelas:

Admitir que você está ansioso. Quando admite para si mesmo que tem um problema, você se dá a chance de resolvê-lo. Por isso, não há necessidade de sentir vergonha por estar ansioso. Essa é uma condição presente na vida de todos nós, nos mais diferentes níveis.

Não finja que não está ansioso, pois a negação é a pior das opções. Negar a ansiedade só a tornará mais forte. Tudo o que a gente nega se fortalece. A ansiedade precisa ser aliviada, e somente admitindo sua existência é que você se dará uma chance de minimizar o peso dessa emoção.

Procure conversar com um terapeuta, ou com um amigo próximo, admitindo o que está sentindo e observando como a ansiedade está afetando-o. Deixe claro para si a presença dessa emoção, porém perceba que você não é um escravo dela. Uma vez que admitir sua presença, encare-a de frente e busque compreendê-la. Você verá que a ansiedade não vai durar muito. É como acender uma vela: a escuridão se vai imediatamente.

O autor Nassim Nicholas Taleb, em seu livro *The bed of procrustes*, afirma que nossa verdadeira força está na domesticação das nossas emoções, e não na negação de sua existência. Minha sugestão é que se lembre sempre disso e jamais negue o poder que você tem de mudar o que estiver incomodando-o.

Buscar apoio para lidar com a ansiedade. Admita para um terapeuta ou pessoas próximas a você que está ansioso e busque o apoio delas.

É claro que essa é uma atitude que exige cuidado, pois você não precisa, em momentos de ansiedade, de alguém que bote mais lenha na fogueira. Portanto, procure um amigo, familiar ou profissional de saúde mental em quem você confie e que admire, o qual respeite sua condição e/ou tenha passado por uma crise de ansiedade e lidado com ela com sucesso. Faça dessa pessoa seu confidente e sua fonte de motivação. Mire-se no exemplo de quem já conseguiu o resultado que você deseja alcançar.

É claro que, em casos mais complexos, é sempre bom procurar, também, apoio profissional especializado, como médicos, terapeutas e/ou psicólogos. Enquanto um amigo pode dar-lhe um ombro e apoio emocional e afetivo, um profissional lhe orientará sobre qual pode ser o tratamento necessário para superar uma crise momentânea e atenuar as dolorosas consequências de uma ansiedade descontrolada.

Dormir em horário regular e ter ao menos oito horas de sono por noite. Poucas coisas são tão eficazes para o equilíbrio emocional quanto noites bem dormidas e revigorantes. É claro que nem sempre isso é possível, especialmente quando a ansiedade já se instalou em sua mente. Se for esse o seu caso, busque atividades e recursos que possam facilitar a recuperação de sua boa noite de sono.

Como os pensamentos ansiosos tendem a aumentar na hora de dormir, é muito recomendável que você pratique meditação e aprenda técnicas de relaxamento, ou utilize um calmante natural caseiro. Também se habitue a praticar exercícios leves e dar boas caminhadas durante o dia, a fim de ajudar a preparar seu corpo e sua mente para você dormir bem. Caso seja necessário, procure ajuda médica especializada, a fim de receber orientações e apoio para estabilizar seu sono e sua saúde física e mental.

Aprender a lidar com a ansiedade com responsabilidade. A ansiedade é um preço muito alto que você paga por viver sob pressão constante. Por isso, é importante reservar um tempo todos os dias para ficar sozinho e tranquilo, meditar e caminhar ao ar livre, na natureza, criar uma comunhão com o universo. Acostume-se a agradecer por todas as coisas boas que você recebe a cada dia.

Seja bondoso consigo mesmo e não se critique, nem condene. Procure cultivar pensamentos que o deixem mais próximo do equilíbrio mental e emocional. Contudo, nunca menospreze a ansiedade. Embora seja possível conviver com ela e até mesmo superá-la, isso só poderá acontecer se você encará-la com responsabilidade. Não é o caso de menosprezá-la, nem se tornar escravo de situações que, em sua mente, lhe pareçam ser o fim do mundo. Afinal, se você analisar bem, qualquer situação que pareça muito ruim pode revelar-se apenas um contratempo. Tudo tem solução e pode ser encarado com serenidade, porém é fundamental ter seriedade e cautela ao lidar com cada situação.

Evitar o álcool, o cigarro e outras substâncias do gênero. Usar substâncias como essas para "ajudar a relaxar" é um engano bastante comum. Na verdade, aparentemente, elas surtem efeito fazendo a pessoa parar de se preocupar e reduzindo a ansiedade. O efeito relaxante é temporário e, em geral, as consequências de seu uso são males permanentes. No balanço final, é possível ver que elas contribuem para o fortalecimento do problema em vez de ajudar a resolvê-lo.

Construir uma mente tranquila. Experimente construir uma mente tranquila e faça dela seu estado-padrão, seu normal. Recorra a técnicas de relaxamento mental e de meditação e use uma ampla gama de táticas possíveis, como hobbies, retiros silenciosos, caminhadas na natureza, para manter sua mente calma e focada em coisas positivas, que realmente valham a pena construir.

O escritor na linha de desenvolvimento pessoal Grenville Kleiser nos brindou com um pensamento bastante apropriado para complementar este raciocínio: "*o bom humor é um tônico para a mente e o corpo. É o melhor antídoto para ansiedade e depressão... Ele alivia os fardos humanos. É o caminho direto para a serenidade e o contentamento*".

É importante lembrarmos sempre que nossa imaginação serve para criarmos quadros de alegria, beleza, progresso, amor e felicidade. No entanto, se estivermos usando-a para produzir tristeza, ansiedade, abandono, medo e desconfiança, será necessário ser firme no propósito de interromper esse negativismo e mudar nosso estado mental. Precisamos ter a consciência de que uma mente tranquila, livre da ansiedade, vem a partir da construção de imagens mentais positivas e repletas de esperança, confiança e fé. Você pode, também, contar com a ajuda de profissionais especializados quando sentir maior dificuldade de positivar seus pensamentos.

Substituir o sentimento de ansiedade. O dr. Deepak Chopra nos alerta, ainda, que o principal problema da maioria das pessoas que não consegue superar as preocupações, o nervosismo e a ansiedade é que elas acreditam na mensagem que suas emoções estão dando, como se pudessem definir o destino de um indivíduo. É preciso entender que emoções como o medo e a ansiedade não nos dizem a verdade, apenas nos convencem do pior – ainda assim, normalmente, entregamo-nos a elas.

Uma estratégia interessante é questionar as causas de nossa ansiedade e procurar desacreditá-la. Quando você tiver um pensamento ansioso, experimente dizer a si mesmo: "Eu não tenho certeza se isso é mesmo verdade". Use essa frase sempre que sentir que está ficando ansioso e perceba como esse simples questionamento já aliviará a pressão e reduzirá a ansiedade e o medo decorrentes dela.

Em outras palavras, substitua o sentimento de ansiedade em relação ao passado e/ou ao futuro pela racionalidade e consciência de que você está bem no momento presente. Dessa forma, você passará a cultivar uma nova maneira de o seu cérebro lidar com situações difíceis e poderá treinar a si mesmo para sempre procurar olhar cada situação de forma realista, no presente, sem fantasias assustadoras.

Aceitar que o caminho está certo. A aceitação é uma das ferramentas mais poderosas para armar a nossa mente contra a ansiedade. Por mais que pareça difícil ou dolorosa a nossa provação, é preciso lembrar que estamos no caminho certo a cada momento e que tudo está de acordo com o nosso estado de compreensão e evolução. Todos nós temos acesso a tudo na medida exata de que precisamos para crescer, evoluir e nos tornar mais felizes. Não existe motivo para fomentar a preocupação, nem a angústia e a ansiedade.

De nada adianta – e é uma perda total de tempo e energia – viver em desespero, aflição, angústia ou ansiedade, porque a vida não muda por isso. A vida é o que ela é, dentro do próprio curso da natureza. Não será a nossa ansiedade que modificará isso. Apenas mudaremos a forma como nos sentimos quanto a essa questão, mas a vida seguirá o seu curso normal, como tem que ser. Tudo nesta jornada é composto de etapas que respeitam o processo de desenvolvimento de cada um. Cada fase antecede outra em uma sequência perfeita para que a nossa evolução aconteça. Logo, a aceitação é a melhor ferramenta contra a ansiedade.

Para construirmos dias melhores, toda ajuda é bem-vinda. Quando o assunto é afastar a ansiedade e fortalecer a nossa esperança de conquistar mais paz e felicidade, são grandes o suporte emocional e a inspiração que recebemos de recomendações vindas da sabedoria popular, além das derivadas dos ensinamentos de mestres, filósofos e pensadores de todos os tempos.

A seguir, apresento algumas dessas ideias que merecem ser cultivadas, pois podem servir de base para tirar a força da nossa ansiedade e colocar nossas esperanças e nossa paz na fé e na crença de que dias melhores sempre virão.

Não apressar o rio. Dê o tempo certo para que cada evento aconteça e respeite o tempo de cada coisa. Não queira burlar as barreiras naturais do universo, nem transgredir as regras da natureza. Aceite o que lhe está sendo oferecido e faça o seu melhor com o que está recebendo. Procure acalmar-se e caminhar passo a passo, aceitando o ritmo da vida, porque somente assim será possível alcançar a serenidade que você tanto procura.

Barry Stevens foi uma escritora e terapeuta especializada em trabalho corporal com terapia Gestalt. Em seu livro *Não apresse o rio: ele corre sozinho*, ela nos deixou o seguinte conselho, é preciso:

> Deixar-se ir junto com a vida, sem tentar fazê-la ir para algum lugar, sem tentar fazer com que algo aconteça, mas simplesmente ir, como o rio. E, sabe, o rio, quando chega nas pedras, simplesmente se desvia, dá a volta. Quando chega em algum lugar plano, ele se espalha e fica tranquilo. Simplesmente vai se movendo junto com a situação em torno, qualquer que seja ela.

Se imaginarmos que somos como rios, podemos compreender que o nosso destino é sermos mar – porque todo rio corre para o mar. Isso nos dá um vislumbre de que o nosso propósito é nos unirmos, finalmente, ao grande mar que representa a Criação. É claro que, antes, precisaremos percorrer todo o nosso percurso e superar quaisquer obstáculos que houver no caminho. Essa será a parte da nossa experiência adquirida, a evolução pessoal que levaremos conosco ao nosso destino. Contudo, todo esse processo tem seu tempo, não somos nós que o determinamos, tampouco temos o poder de "apressar o rio".

A calma e a confiança em si mesmo são os ingredientes básicos para que a sua movimentação seja fluida e você possa extrair das dificuldades os aprendizados e os recursos necessários ao seu aprimoramento.

Abandonar o preciosismo. Segundo um pensamento indiano, "o fácil é o certo" (*easy is right*). Por isso, não complique as coisas, tentando fazer da sua vida um caminho programado nos mínimos detalhes, repleto de preocupação com a exigência de perfeição a cada passo dado.

O perfeccionismo – ou, ainda, o preciosismo ou o detalhismo – é uma verdadeira prisão, cujo carcereiro é a ansiedade, por um motivo muito simples: todo perfeccionista tem a tendência de querer controlar cada coisa para que tudo saia per-fei-to. Contudo, não conhecemos o suficiente o ritmo natural dos acontecimentos, nem temos o poder de controlar nosso destino. Portanto, ser perfeccionista em alto grau é o mesmo que se tornar prisioneiro da ansiedade.

Solte-se na vida e relaxe, viva cada dia com prazer, leveza e felicidade. Descomplique, deixe fluir! Permita que a sua vida seja fácil. Não seja detalhista ao extremo. É importante lembrar sempre que "o feito é melhor do que o perfeito" e que quem busca a perfeição acaba não fazendo o que é preciso. Por sua vez, quem não faz o que é necessário fica ansioso e frustrado.

A nossa tendência exagerada a querer fazer tudo com perfeição é um dos exemplos mais comuns de ilusão. Aliás, o perfeccionismo é uma das ilusões mais catastróficas, inclusive para os nossos relacionamentos pessoais, que costumam sofrer muito com as exigências de alguém perfeccionista. O preciosismo é desgastante e perigoso, pois costuma desviar a nossa energia do objetivo real, cobra-nos além da conta, frustra-nos com frequência e gera muita ansiedade.

Aceite: você jamais vai encontrar a perfeição. Então, faça o melhor possível com o que você tem e comemore seus avanços na direção que pretende seguir. Comece a pensar de modo prático e guie-se pelo possível. O importante é concluir o que você se propôs a fazer, com serenidade e objetividade. Mesmo Steve Jobs, um reconhecido perfeccionista, sabia que em algum momento é preciso abrir mão do preciosismo para fazer o que deve e entregar o que se propôs a produzir. Tanto é que os primeiros modelos de iPhone tinham apenas uma ínfima parte das funcionalidades que têm hoje em dia.

O escritor Ryan Holiday, no livro *O obstáculo é o caminho*, estimula-nos a agir nos seguintes termos: não pense pequeno, mas faça a distinção entre o que é realmente necessário e o que é uma exigência do seu perfeccionismo. Pense em progredir, não em perfeição. É com esse tipo de postura que nos tornamos capazes de desmontar os obstáculos e nos livramos da ansiedade.

Ouvir o divino em seu coração. Observe e aceite a verdade de que Deus fala contigo, diretamente no seu coração. Aproveite para ouvir o que Ele tem a lhe dizer e sinta a energia e a paz que lhe traz. Nenhuma ansiedade resiste a uma força tão poderosa quanto a fé e a uma comunhão tão intensa quanto a receber Deus no coração. Como se diz popularmente, "a fé é um santo remédio para todos os males". Portanto, orar com amor é uma das formas mais legítimas de perceber e receber Deus em seu dia a dia e aliviar sua carga emocional, sobretudo em situações que lhe imponham grandes tribulações e gerem ansiedade.

Quando o assunto é fé, gosto sempre de lembrar que a verdadeira oração é feita com a fé que vem da nossa alma, sem que precisemos levar em conta as palavras usadas, os rituais praticados, ou a crença religiosa a que nos aportamos. Na verdade, isso tudo não importa. O que realmente conta é a sinceridade com que nos aproximamos do divino.

Por isso, quero citar, também, o poder transformador incomparável da Salah, conforme exemplificado no livro *Santo remédio: tudo posso na fé que me sustenta*, de Gilberto Cabeggi:

Para os Muçulmanos, a Salah é considerada uma das formas mais fortes de se aproximar de Alá. Ao longo do dia, eles fazem cinco pausas para orar. Desligam-se de tudo para se conectarem a Alá. E falam com Ele sobre coisas relevantes, coisas importantes, as grandes coisas que estão em suas vidas. E Alá lhes dá conforto e paz. Quando voltam ao cotidiano, as dificuldades corriqueiras perdem importância, ficam muito pequenas e desaparecem. E eles têm tranquilidade e felicidade para tocar o seu dia a dia.

Minha sugestão é que você se proponha a interromper sua rotina algumas vezes por dia para se conectar ao divino, seja qual for o modo como se relacione com Ele. Fale sobre as coisas que estão na sua mente e no seu coração e sinta a presença Dele. Aos poucos, você irá perceber que as dificuldades do seu cotidiano são pequenas demais para permitir que consumam sua energia ou abalem sua fé. Assim, a ansiedade será desmontada, e a paz fará parte do seu dia a dia.

Observar e copiar a natureza. Ao analisarmos como corre a vida nas águas, nas plantas, nas flores e nos animais, veremos que em tudo há serenidade, existe um pulsar tranquilo que não se abala diante das intempéries do dia a dia. Se observarmos mais de perto, veremos que em nós mesmos isso também acontece. Contudo, em nome das oportunidades de crescimento, nós, seres humanos, passamos a nos cobrar mais do que seria de se esperar e ficamos ansiosos. O grande filósofo Sêneca já chamava nossa atenção para a insensatez de como nos comportamos, quando disse: "*os animais selvagens fogem dos perigos que realmente veem e, uma vez que tenham escapado, já não se preocupam. No entanto, o homem é igualmente atormentado pelo que já passou e pelo que está por vir*".

Observe e copie o comportamento sereno da natureza, em que tudo cresce em harmonia. Não há por que ficar ansioso, não existe razão para se preocupar com o amanhã. Tudo está certo e em seu devido lugar. Relaxe e se deixe estar na vida. Faça a parte que lhe cabe com tranquilidade. Liberte-se da ansiedade, entregue-se à ordem natural da vida, da natureza de que você faz parte, e aproveite todas as oportunidades de crescimento e evolução que está destinado a alcançar.

Não ter pressa no que faz. Uma das estratégias que ajudam muito a controlar a ansiedade é não ter pressa, seguir com calma e dar um passo de cada vez. A paciência nos ajuda a atravessar os momentos de crise e nos prepara para o amanhã, para nossos próximos movimentos.

Quando você quer muito algo, torna-se seu pior inimigo. Fica tão cansado tentando seguir em frente que se esquece de que existem outros caminhos para chegar aonde você quer ir. Erramos ao presumir que avançar é a única maneira de progredir e de vencer. Às vezes, ficar parado, andar de lado ou para trás é, na verdade, a melhor forma de eliminar o que bloqueia ou impede nosso caminho. Lembre-se de que a água do rio contorna os obstáculos.

A pressa não tem sido uma opção vantajosa, pois gera ansiedade e promove a desestabilização de suas energias. Faça um pouco a cada dia, para então tornar realidade o que você pretende conquistar; isso leva ao melhor resultado possível no médio prazo, sem gerar estresse. Vale muito a pena colocar seu foco sempre no dia de hoje, naquela parte do seu trajeto que você pode percorrer a cada segundo que vive. Dê espaço para que a vida flua e você possa cumprir tranquilamente com o seu papel.

Viver plenamente o aqui e o agora. Quando você vive com plenitude o presente, o futuro se mostra mais gratificante, trazendo para a sua vida a satisfação de todas as suas reais necessidades. Compreenda que não sou avesso a fazer planos para o futuro – toda a minha vida foi construída em cima de planos e mais planos que tracei no dia a dia da minha jornada empreendedora –, mas chamo a sua atenção para que você elabore seus planos de modo que sejam um farol para sua caminhada. Depois, foque no que você deve fazer a cada dia para concretizá-los. Um passo de cada vez, um dia de cada vez.

É preciso ter consciência de que quanto mais planos você fizer e quanto mais se cobrar em relação a eles, maiores serão as expectativas que existirão e, com certeza, as decepções e frustrações que você viverá – o que o levará a sentir ansiedade.

Estar conectado com a realidade do momento, no aqui e agora, de maneira desperta e consciente, vivendo o sentimento de estar no lugar certo e na hora certa ainda é a melhor forma de usufruir a vida e o que realmente tem valor e de manter a paz de espírito tão necessária para uma rotina plena e mais feliz.

Devemos ter consciência de que é uma reação natural nos sentirmos ansiosos quando precisamos lidar com algo desconhecido e ameaçador, ou quando navegamos em meio a tempestades. Contudo, diante das incertezas, preocuparmo-nos em demasia com coisas que não estão ao nosso alcance vai apenas comprometer a nossa saúde mental.

PRÁTICAS PARA LIDAR COM A ANSIEDADE

Existem muitos caminhos, técnicas e atividades que nos ajudam a lidar melhor com a ansiedade. A seguir, apresento alguns deles, de maneira simplificada, para que você possa inspirar-se a praticá-los em seu dia a dia:

Assumir a responsabilidade pelo que sente. Cada um é responsável por seu estado mental. Por isso, pense, fale e aja consciente e positivamente para harmonizar e equilibrar seu sistema emocional, além de conquistar bem-estar. Você é responsável pelo modo como percebe o mundo, sendo, portanto, capaz de agir da maneira que considera mais adequada para se manter em paz e feliz.

Viver com desapego. Uma das principais causas de sofrimento e ansiedade é o apego que nutrimos pelas pessoas ou por objetos de desejo. Assim, quanto mais você abraçar e praticar o desapego, mais paz e liberdade terá em sua vida.

Praticar técnicas de respiração. Uma mente agitada e ansiosa se reflete em uma respiração rápida e superficial. Já uma mente estável e calma, que ativa as funções de crescimento, de cura e que restaura nosso sistema nervoso, envolve uma respiração profunda, lenta e estável. Por isso, pratique a respiração profunda e consciente durante alguns minutos, várias vezes ao dia. Essa é uma ferramenta poderosa para acalmar seus pensamentos e suas emoções ansiosas.

Pratique a aceitação. Inicialmente, é importante entender que aceitação não significa passividade, nem que gostamos do jeito que as coisas estão e nos conformamos com isso. Praticar a aceitação significa que você deve estar disposto a permitir que as coisas sejam como são, enquanto for necessário, porque isso vai conservar sua boa energia e eliminar a frustração de uma luta inútil. Somente quando você aceita uma situação é que passa a ter poder para fazer algo a respeito dela.

Alimente o seu cérebro com positividade. A ansiedade está sempre ligada a certa dose de medo do que está acontecendo à nossa volta e do que poderá vir a ocorrer. Já o medo provém, em geral, das informações que acolhemos em nossa mente e do quanto de importância e crença depositamos nelas. Portanto, para diminuir o medo e, por consequência, a ansiedade, pare de alimentar sua mente com informações negativas, de qualidade ruim, e passe a priorizar aquelas que lhe façam bem e elevem sua energia positiva.

Experimente praticar algumas atividades bem simples, que podem ajudar nesse sentido: desligue o celular por algum tempo durante o dia e se dê o direito de ficar em paz, sem ver postagens e comentários negativos e pesados nas redes sociais; pare de ver TV, principalmente noticiários e programas pesados e tendenciosos, que insistem em espalhar desgraças; evite conversar com pessoas que só reclamem da vida ou falem de coisas negativas. Enfim, pare de encher sua cabeça com coisas negativas.

Em contrapartida, vá ler um bom livro, ou ver um bom filme, que alimente sua esperança e positividade. Acostume-se a caminhar diariamente, faça passeios em lugares aprazíveis, ouça boas músicas, dance sozinho ou com alguém que seja uma boa companhia.

Não sobrecarregue sua mente com negatividade. Antes, dê-se a chance de apreciar as boas coisas da vida, mesmo que você esteja passando por momentos difíceis. Em tudo o que vivemos existe um lado bom e animador. Lembre-se sempre de que precisamos afastar o medo para controlar nossa ansiedade. Para isso, vale muito um conselho dado pelo filósofo Sêneca: *"mesmo que o medo tenha cada vez mais argumentos, escolha sempre a esperança"*.

Chame pelo seu próprio nome. Em *O livro dos segredos*, o guru Osho nos conta que um Mestre Zen chamado Bokuju morava sozinho em uma caverna, mas, com frequência, chamava o próprio nome em voz alta: "Bokuju!". E então respondia: "Sim, estou aqui, senhor".

Sabendo disso, seus discípulos perguntaram a ele por que razão fazia aquilo, e o mestre respondeu:

– "Sempre que começo a ficar ansioso, procuro me lembrar que tenho de estar atento e, portanto, chamo meu próprio nome. E então respondo para mim mesmo. Com isso, eu foco no tempo presente, volto para o aqui e agora, e a ansiedade desaparece".

É exatamente isso que a ansiedade faz: ela toma conta de nossos pensamentos, nubla nosso raciocínio e nos tira da realidade. Temos, então, de fazer algo para voltar ao mundo real.

Quando você sentir ansiedade, procure chamar o próprio nome, em voz alta, e então responda: "sim, senhor, estou aqui". Sinta a diferença que isso provoca em seu estado emocional. A ansiedade deixará de existir, ela desaparecerá. Com o tempo, você alcançará um conhecimento profundo de si mesmo e do seu mecanismo de funcionamento interno, e a ansiedade não abalará mais sua paz e harmonia.

Busque ajuda sempre que precisar. Esse é um ponto em que vou insistir muito, porque é de suma importância buscarmos o equilíbrio e a sanidade de nossas emoções. Somos seres sociais, e uma das razões disso é que, por meio dos nossos relacionamentos, temos a oportunidade de evoluir e de contribuir para a evolução de outras pessoas. Portanto, estar com as pessoas certas é o melhor dos mundos em qualquer situação, em especial quando estamos às voltas com algum tipo de dor emocional, como a ansiedade.

Lembrando que, embora sentimentos transitórios de nervosismo, medo, ansiedade e outros possam ser vivenciados por qualquer pessoa, a ansiedade que persiste por meses, com sintomas frequentes e graves, pode tornar a vida mais difícil e menos confortável; e lidar com isso sozinho não costuma dar bons resultados, podendo ser até mesmo perigoso.

Se você estiver sofrendo de ansiedade frequente ou em um nível de intensidade que o incapacite de resolvê-la e voltar a ser feliz, converse com amigos de confiança e desabafe; isso já será de grande ajuda. Além disso, e principalmente, procure seu médico. Você não está sozinho nessa luta, e a assistência pode vir de várias formas: terapias, meditação de atenção plena e mesmo medicação. Com o tempo e a ajuda certa, seu cérebro será capaz de retomar seu papel de protetor primário de seu bem-estar, e a paz e a felicidade voltarão a fazer parte do seu dia a dia.

Se você quer vencer a ansiedade, respire fundo e viva o momento. Faça o melhor uso do que está ao seu alcance e leve o restante com paciência e fé, à medida que cada coisa acontece.

Não se cobre tanto, mas também não relaxe quanto a lidar com a ansiedade. Não deixe que o desejo de ser menos ansioso gere mais ansiedade. Afinal, como disse o escritor Paulo Coelho, *"a ansiedade nasceu no mesmo momento que a humanidade. E como nunca seremos capazes de dominá-la, teremos que aprender a conviver com ela assim como aprendemos a conviver com as tempestades"*.

É importante prestar atenção à maneira como você lida com os seus pensamentos e ter consciência caso esteja se cobrando muito. Para tanto, com frequência, faça a si mesmo perguntas como: eu estou consciente da minha ansiedade? Como ela está me afetando? Como ela está afetando as pessoas à minha volta? Onde eu imagino que posso chegar, mantendo essa ansiedade sob controle das minhas emoções? As respostas a essas perguntas o ajudarão a abrir a mente para que adote novas e melhores atitudes, que o levarão a um equilíbrio emocional e a uma paz interior mais significativa.

LIBERTANDO-SE DO MEDO

Libertar-se dos temores e das inseguranças é algo que precisamos aprender a fazer, em especial quando esses sentimentos nos paralisam e nos impedem de ir em busca daquilo que acreditamos merecer e nos dá o prazer de viver.

Quero deixar claro que considero importante ter especial atenção ao lidar com o medo, pois isso pode fazer toda a diferença entre conquistar o sucesso na sua vida e viver à margem das suas possíveis realizações. Se, por um lado, o medo é uma emoção normal, que sinaliza uma ameaça potencial à sua segurança física ou emocional; por outro, quando ele passa a ser constante e excessivo – seja proveniente de perigos reais ou de situações imaginárias que você percebe como ameaças –, começa a ter um impacto indesejado em sua qualidade de vida, refletindo negativamente em sua saúde física e mental e repercutindo em todas as suas atitudes e decisões.

Em situações extremas, como grandes catástrofes ou pandemias, em geral sofremos uma pressão externa, coletiva, que, na maior parte dos casos, nos leva a experimentar um nível mais elevado e persistente de medo. As dificuldades para lidar com esses tipos de ameaça acionam gatilhos mentais que nos colocam em uma posição de insegurança e fragilidade emocional, na qual afloram nossos temores mais profundos, que, se não forem devidamente compreendidos, podem tornar-se debilitantes e comprometedores.

Infelizmente, o que se observa é que, nessas situações, em geral, as pessoas se deixam levar pelo negativismo coletivo e acabam sucumbindo ao medo e à pressão que vem de fora, quando poderiam utilizar essa energia para olhar para si mesmas e buscar soluções e saídas criativas, transformando seus medos em aliados em vez de inimigos.

LIDANDO COM O MEDO DE MANEIRA POSITIVA

Para lidar de forma positiva com o medo, você pode começar reconhecendo quando o inimigo está presente e o medo é exagerado ou mesmo sem sentido. O autor Gilberto Cabeggi, no livro *Santo remédio: tudo posso na fé que me sustenta*, elenca três sintomas principais que ilustram bem o domínio do medo sobre nossas vidas:

O primeiro sintoma é a agressividade. Você sabe que está com medo quando passa a agredir gratuitamente outras pessoas. Essa é uma forma de se proteger e evitar que os outros percebam o seu medo. Por exemplo, em um relacionamento afetivo, a pessoa briga muito com o companheiro apenas para não mostrar o quanto tem medo de perdê-lo.

É interessante observar que, nesse caso, a agressividade – ou a raiva – é um disfarce que está substituindo o medo. Logo, é preciso que a pessoa tenha consciência do seu medo e não tente ocultar essa emoção, mas sim colocá-la às claras para que, junto com seu parceiro, possa buscar uma solução para o problema.

O segundo sintoma é o deslocamento. Você sabe que está com medo quando começa a deslocar suas preocupações para assuntos que não são o que realmente o assustam. Um exemplo disso é quando a pessoa tem medo de ser traída e passa a ter aversão a frequentar encontros sociais com seu companheiro, para não correr o risco de ele conhecer pessoas atraentes.

Outro exemplo interessante e muito comum é quando a pessoa está com a conta corrente negativa e evita olhar o saldo para não ter que lidar com o problema. Na verdade, ela precisa olhar para a conta negativa todos os dias, utilizando isso como um impulsor para criar condições de enfrentar o problema e resolvê-lo.

O terceiro sintoma é a robotização. Você sabe que está com medo quando começa a agir como um robô, insensível a tudo. Por exemplo, a pessoa procura bloquear os seus sentimentos, com vergonha dos seus medos. Assim, ela deixa de viver as suas emoções.

Agora que você sabe mais sobre como identificar a presença do medo, fica um pouco mais simples lidar com ele. Afinal, seria bem complicado acertar um alvo que você não reconhece, nem sabe que existe. Feita essa identificação, é hora de partir para a solução. A busca por soluções para os seus medos deve caminhar, basicamente, em duas frentes principais:

A primeira frente é desvincular o seu medo pessoal do movimento coletivo de negatividade, ou, ainda, do medo que a sociedade como um todo lhe impõe. É necessário evitar absorver a "loucura" do medo coletivo em que eventualmente você esteja mergulhado. Em outras palavras, é preciso sair do "efeito manada" e assumir que a solução para os seus medos deve ser buscada em seu interior, individualmente. Nem sempre seguir a manada é o melhor caminho a seguir. Você precisa trabalhar para ter uma boa autoestima e autoconfiança em alta para fazer o seu caminho.

A segunda frente de atuação é buscar estratégias que possam lhe proporcionar maior controle emocional, de maneira que possa utilizar seus medos a seu favor e encontrar saídas que contribuam para seu crescimento mental, emocional e espiritual. Ao longo da minha carreira como empreendedor, venho utilizando diversas estratégias que me permitem lidar de modo assertivo com o medo. Elas incluem o cuidado pessoal comigo mesmo, exercícios físicos, a busca por inspiração nos grandes mestres de todos os tempos, meditações, entre muitas outras.

Quando você se compromete a enfrentar seus medos, várias portas começam a se abrir, e isso o torna capaz de encontrar estratégias poderosas para superá-los, além de paz, progresso pessoal e felicidade. Como disse Aristóteles, o filósofo, *"quem vencer seus medos será verdadeiramente livre"*.

Um ponto importante a considerar aqui é a expressão "enfrentar nossos medos". Com ela, não estamos dizendo literalmente "travar uma batalha contra seus medos", mas sim tornar-se um hábil negociador nessa questão. Estamos falando de aprender a negociar conosco, internamente, de como lidar com nossos temores de modo que eles não só deixem de nos prejudicar, mas também passem a nos ajudar a alcançar o que estamos nos propondo. É importante considerar, também, a possibilidade de buscar ajuda profissional, quando necessário, para desenvolver essa habilidade de negociação dos nossos medos.

Quanto a nos inspirarmos nos grandes mestres, gosto muito da visão que Tony Robbins, palestrante e escritor motivacional norte-americano, apresenta. Como podemos ver a seguir, suas sugestões práticas são incomparáveis.

Nas publicações feitas em seu blog, em um artigo denominado *"How to stop living in fear"*, o medo é interpretado como um agente comum que está presente em toda a nossa vida e, se permitirmos, pode nos manter trancafiados na "prisão do confortável e previsível", "protegendo-nos" de correr riscos. Contudo, ele também nos impede de alcançar nosso verdadeiro potencial e de buscar algo melhor para a nossa vida.

Entretanto, o medo pode, também, servir a um propósito valioso, ajudando-nos a romper a frustração e o marasmo, ao se tornar uma ferramenta na busca da satisfação. Afinal, as emoções que cercam o medo costumam ser tão desagradáveis que nos levam a querer encontrar novos caminhos, em que o sabor dos desafios não seja tão amargo. O medo pode funcionar como um prego no nosso sapato, que machuca, dói e nos obriga a arrancá-lo para que possamos continuar caminhando.

Com base nos materiais e ensinamentos de Robbins, para deixarmos de viver com medo e termos uma vida com mais qualidade e propósito, existem alguns pontos fundamentais, os quais considero que devem ser levados em conta diariamente. São eles:

Determinar quais são os seus medos: faça uma lista com todos os seus medos. Escreva diante de cada um deles algumas ações que você pode realizar para evitar que eles aconteçam. Assim, você dá a si mesmo a sensação de estar no controle da situação, o que, por si só, já afasta grande parte do medo. O monge budista Thich Nhat Hanh nos inspira com estas palavras: *"toda vez que seu medo for identificado, toda vez que você o reconhecer e sorrir para ele, seu medo perderá parte de sua força"*.

Parar de dar desculpas: as desculpas que damos são, em geral, parte de um mecanismo de defesa ao qual recorremos para não encarar nossos problemas. Quando dá uma desculpa, inconscientemente, você está admitindo que não tem a coragem ou o poder para enfrentá-la naquele momento. *"Quando estiver com medo, faça aquilo de que tem medo. E logo perderá o medo"* (Norman Vincent Peale).

Adotar uma mentalidade de ação e crescimento: é importante ter a clareza de que quando você enfrenta situações desafiadoras, promove seu crescimento em todas as áreas da vida. Portanto, trabalhar mais arduamente, acreditando que é capaz de solucionar seus problemas e adotar novas estratégias para buscar essas soluções, torna-se algo muito positivo e costuma afastar o medo. O escritor Dale Carnegie já nos falou sobre isso, quando disse: *"a inação gera dúvida e medo. Ação gera confiança e coragem. Se você quer vencer o medo, não fique em casa pensando nisso. Saia e se mantenha ocupado"*.

Adotar uma mentalidade de abundância: o medo vem, em geral, acompanhado do sentimento de escassez, de que falta algo, de que "não vamos ter o suficiente daquilo de que precisamos para sermos felizes". Quando você volta sua mentalidade para a abundância, percebe, imediatamente, que isso resulta em mais positividade – e menos medo – na sua vida.

Adotar uma postura positiva: quando perceber que está sentindo medo, mude intencionalmente sua postura física e faça a "pose de poder" – finja estar no controle da situação e você efetivamente estará. Isso vai ajudá-lo a se sentir mais confiante e menos temeroso.

Sobre isso, o empresário e escritor Claudinei de Oliveira, autor do livro *7 vícios que destroem a sua carreira: liberte-se deles e construa seu sucesso pessoal e profissional*, costuma dizer que *"a emoção acompanha a fisiologia"*. Embora, a princípio, estejamos lançando mão de um artifício físico para mudar o que estamos sentindo, mais tarde, ao adquirirmos os conhecimentos e a força necessários, tal ação será incorporada ao nosso modo de ser e, aí sim, passaremos a ter um real poder de ação sobre o medo que nos assola.

Praticar o cuidado consigo mesmo: já foi comprovado que a atividade física e a meditação ajudam a atenuar a depressão e a ansiedade e, consequentemente, afastam o medo. Mente sã, corpo são. Os gregos sabiam muito bem disso, assim como Buda (Bodhidharma) – foi ele que intensificou os exercícios físicos e a meditação no Templo Shaolin, mosteiro budista localizado na China. Então, saia para caminhar, pratique ioga ou ande de bicicleta. Medite sempre que puder e elimine da sua dieta alimentos e bebidas que você sabe que não lhe fazem bem.

Estar focado totalmente no momento presente: quando estamos com medo, com frequência é porque estamos vivendo no passado ou no futuro. Deixamos que nossos erros passados nos assombrem, afetem nosso bem-estar no presente e, ainda por cima, influenciem as decisões que tomamos em relação ao futuro, ou então nos preocupamos com um futuro que nem ao menos sabemos se vai se concretizar. O melhor a fazer é aprender a viver no aqui e agora, um dia de cada vez. Como afirmou Dale Carnegie, um dos mais conhecidos escritores da área de relações humanas do mundo, *"viva em compartimentos diários hermeticamente fechados"*.

Transformar seus objetivos em determinações: quando você está realmente determinado a atingir um objetivo, nada mais importa. Sua determinação afasta o medo e dá lugar à ação necessária para chegar aonde você planejou. Logo, trace objetivos importantes e transforme-os em determinações. Faça a conquista deles ser "um ponto de honra" – é uma forma poderosa de se blindar contra o medo.

Avaliar regularmente as suas ações e perceber quais resultados está obtendo com elas: que tal começar esse tópico fazendo uma reflexão? Provavelmente, hoje você encontrou ou falou com alguém, e vocês conversaram sobre suas preocupações atuais. Pare por alguns minutos e reveja a cena:

- Como foi a sua conversa?
- Você se lamentou, reclamou, estava negativo e pessimista, ou conseguiu sentir certa esperança, procurou falar de soluções e colocou um pouco de alento e positivismo no seu discurso?
- Como você se sentiu ao terminar essa conversa? Seus temores diminuíram ou aumentaram?
- A conversa o ajudou em alguma coisa? Ajudou a outra pessoa de alguma forma?

É muito importante termos consciência do modo como estamos nos relacionando e até mesmo influenciando o mundo com a nossa postura.

SEPARE O MEDO REAL DO MEDO IMAGINÁRIO

Um ponto de suma importância na hora de lidar com o medo é aprender a separar o real do imaginário. Na verdade, podemos dizer com mais propriedade que o medo é real mesmo quando o perigo é imaginário – muito embora, nesses casos, seja um medo sem razão, sem um motivo concreto.

Podemos dizer, também, simbolicamente, que o medo é real quando o perigo de fato existe. Por exemplo, se alguém convidá-lo para andar sobre uma corda bamba a uma altura de 50 metros, sem rede de segurança, é natural que você tenha medo de cair.

Da mesma forma, podemos afirmar, metaforicamente, que o medo é imaginário quando o perigo existe apenas em nossa mente. Por exemplo, o medo de que, em breve, falte água no planeta. Você há de convir que essa é uma probabilidade tão remota no curto prazo que não podemos considerá-la real.

Segundo o psicólogo do esporte Sinésio Capece, quando o perigo é real, e o medo, equivalente a ele, ações de proteção são tomadas. Contudo, normalmente, construímos um medo imaginário muito maior que o perigo real – criamos um monstro de sete cabeças e, quando olhamos bem, descobrimos que não passa de um simples animal inofensivo. Capece exemplifica essa ideia:

> Tenho um cliente que tem pavor de voar de avião. E, acredite, ele é corredor de 'Old Stock Race', dirigindo um carro a altíssimas velocidades. Mas prefere dirigir um carro por centenas de quilômetros para chegar às pistas de corrida distribuídas pelo Brasil do que pegar um avião para chegar lá em poucas horas.

Seguindo esse raciocínio, fica bastante claro que se prender a perigos imaginários é puro desperdício de energia e que devemos evitar esse apego a medos imaginários decorrentes deles. Afinal, que sentido há em sofrer com receios expressados por preocupações como "E se o navio afundar?", "Será que também vou ser demitido?", "Será que algum dia vou ser traído por minha esposa/meu marido?", entre tantos outros questionamentos desse tipo?

Mesmo quando são possibilidades remotas em situações normais, todas essas questões desencadeiam atividades em nosso circuito interno que lida com o medo e o faz gastar energia à beça, provocando alterações emocionais, desconforto e estados de alerta totalmente desnecessários. Um desperdício de energia e de vida, pois, como Dale Carnegie nos ensinou, *"podemos vencer quase qualquer medo se apenas decidirmos fazê-lo. Lembre-se: o medo não existe em nenhum outro lugar, exceto na nossa própria mente"*.

A verdade é que inúmeras pessoas sofrem muito até mesmo com o medo imaginário, vendo perigo onde não existe. Pense um pouco em sua vida e, com certeza, irá identificar diversas vezes em que sofreu com medos que não passavam de fantasias criadas pela sua mente. Contudo, apesar de o perigo real não estar presente, esses medos adquiriram peso e passaram a interferir de maneira negativa em sua vida.

Exemplificando um pouco mais essa ideia do medo imaginário e de como ele pode afetar-nos, o guru indiano Osho costumava contar em suas palestras a seguinte história:

> Um homem caminhava em uma noite escura por uma pequena trilha à beira de enormes penhascos. De repente, ele escorregou e caiu, ficando agarrado a apenas um galho que estava preso em um barranco. Gritou pedindo ajuda, mas apenas sua voz ecoou de volta; não havia ninguém para ouvi-lo.
>
> Com medo de cair milhares de metros, porque sabia que bem ao lado havia um vale muito profundo, ele se agarrou fortemente ao galho, pensando esperar até que alguém passasse por ali e pudesse ajudá-lo. Na escuridão da noite, tudo o que ele podia imaginar abaixo dele era um abismo sem fundo.
>
> Foi uma noite de tortura e medo. A todo momento o homem imaginava que o galho poderia arrebentar, ou mesmo suas próprias forças poderiam acabar, e ele despencaria para a morte. Suas mãos estavam ficando frias, escorregadias, e ele estava perdendo o controle; mas, em um esforço desesperado, conseguiu se segurar.

Quando os primeiros raios de sol apareceram, ele olhou para baixo e finalmente viu que estava pendurado a trinta centímetros de uma enorme rocha saliente, na qual poderia ter descansado a noite inteira.

Portanto, é importante ter clareza e discernimento para lidar com seus medos. É bastante possível que o que você teme não seja algo real e esteja apenas na sua imaginação, e, ainda assim, você esteja sofrendo com isso, mesmo que não faça sentido. É até mesmo muito provável que você esteja aumentando a proporção do risco que a situação em si realmente apresenta. Como Osho disse, *"não existe um vírus mais perigoso do que o medo"*.

Entenda claramente qual é seu medo para não se tornar escravo dele. Ter medo é algo natural, porém sofrer desnecessariamente com isso nunca é nossa melhor opção. Não convém prolongar a angústia causada por ele. É importante entender que você pode olhar a vida com outros olhos e buscar as ações corretas para assumir e enfrentar seus medos.

A grande vantagem que temos é a de que, conforme ensinou Dale Carnegie, em seu livro *Como evitar preocupações e começar a viver*, nossa capacidade de imaginar é, também, uma ferramenta poderosa no combate ao medo. Como já foi dito, da mesma forma que sua imaginação pode ativar os "circuitos do medo", gerando todos os inconvenientes que vêm a partir disso, você pode utilizá-la para criar os recursos que o ajudarão a controlar seus medos.

É bastante simples entender isso. Já que somos capazes de imaginar todo um cenário negativo que, eventualmente, pode vir a nos acometer e ativar o nosso alerta de medo, podemos trabalhar de modo a acalmar a nossa mente, imaginando o lado positivo das coisas, percebendo que ele é uma possibilidade e infinitamente mais interessante. É fundamental compreender e aceitar que temos esse poder de potencializar os eventos positivos em nossa imaginação e, com isso, levar o nível dos medos que sentimos a patamares mais baixos e menos incômodos.

É fundamental entender, também, que está sob nossa responsabilidade a tarefa de identificar quando o medo indica um perigo real ou quando ele sinaliza uma ameaça que só existe em nossa imaginação. Dessa forma, tiramos de nossas costas o peso e a pressão de carregar um temor desnecessário e podemos direcionar nossa energia para uma vida mais plena, tranquila e feliz. Marie Curie, a grande cientista polonesa, inspira-nos com sua frase: *"nada na vida deve ser temido, somente compreendido. Agora é hora de compreender mais para temer menos"*.

CULTIVE A INTELIGÊNCIA EMOCIONAL

Deepak Chopra ensina que uma das chaves para nos libertarmos do medo é cultivar a inteligência emocional. Segundo Chopra, ela é poderosa para lidarmos com o medo e vai muito além disso: seu valor se estende para a vida como um todo, levando-nos a conquistar paz e serenidade, elementos tão necessários nos dias de hoje.

Contudo, antes de mais nada, devemos compreender que ela é uma decisão individual. Libertar-se do domínio do medo é algo que cada um de nós precisa aprender a conquistar com a própria força e determinação – o que não quer dizer que não possamos, nem devamos procurar a ajuda necessária para vencermos essa batalha.

Como seres humanos, somos capazes de observar nossas emoções, e esse fato oferece a possibilidade de nos opormos a toda e qualquer emoção indesejada, por exemplo, o medo e a ansiedade, já que podemos optar por não nos deixar dominar por elas.

O mais incrível é que desenvolver sua inteligência emocional não é algo difícil. É necessário, primeiramente, observar a forma como você está reagindo ao que lhe acontece. Essa observação pode ser facilitada quando você faz a si mesmo perguntas como:

- Estou reclamando muito da vida, criticando demais as coisas ou bancando a vítima diante das dificuldades?
- Vejo meu futuro de uma forma criativa e positiva, ou permaneço na negatividade?
- Ando revivendo inutilmente o passado, preso a coisas que já se foram?

- Tenho consciência do que está acontecendo agora em minha vida, ou simplesmente vivo alheio a tudo o que importa?
- Vivo com medo das críticas alheias e sempre estou esperando a aprovação das outras pessoas?
- Estou ouvindo com atenção o que os outros estão tentando me dizer – em especial as observações que podem contribuir para o meu desenvolvimento emocional?

A observação atenta quanto à forma como estamos nos comportando possibilita que tomemos atitudes mais assertivas e positivas.

- **Comprometer-se a nunca reclamar, criticar ou bancar a vítima, lembrando-se sempre de manter a energia positiva em alta.** O escritor e palestrante Renner Silva costuma lançar, em suas palestras, um desafio. Ele diz: *"eu o desafio, a partir de agora, a ficar 48 horas sem reclamar de nada. Este desafio começa a ser contado a partir de agora. Então, já está valendo... Se você reclamou de algo, já perdeu! Portanto, comece de novo!"*.
Sem dúvida não é um exercício tão fácil de se fazer, como é bem simples comprovar, mas cada pequeno progresso que fizermos nessa direção já vai gerar muitos benefícios.
- **Imaginar sempre um futuro feliz e positivo.** Afastar a negatividade é o primeiro passo para você se livrar do medo. Imaginar o lado bom da vida, até em momentos de turbulência, é como acender uma luz, mesmo que aparentemente fraquinha, na escuridão: ela sempre lhe servirá de alento e farol, indicando-lhe o caminho a seguir.
- **Não se arrepender do passado, nem ficar preso a ele.** Precisamos aprender com as experiências passadas, a fim de usá-las como base para a nossa evolução e evitar a repetição de erros, mas, depois, temos de deixar que o passado se vá. O passado já não existe mais, embora muitas vezes carreguemos conosco a sensação de que ele nos persegue por toda a vida. Revivê-lo é algo

completamente inútil e somente gera sofrimento e sensação de impotência, o que pode estimular ainda mais nossos temores.
- **Estar presente no aqui e agora.** Estar consciente de todas as situações que ocorrem e vivê-las com a intensidade que exigirem. Colocar o foco no dia a dia, um dia de cada vez. Lembre-se do que diz em Mateus 6:34, *"basta a cada dia o seu próprio mal"*.
- **Tornar-se independente da crítica alheia ou da aprovação de outras pessoas.** Você sempre pode usar pessoas de bem como exemplo e referência para aquilo que deseja realizar, porém jamais deve vincular seus atos e suas decisões à dependência da aprovação dos outros.
- **Estar atento ao que outras pessoas estão tentando lhe dizer.** Não se trata de esperar a aprovação alheia, mas sim de aproveitar os retornos positivos que recebemos de outras pessoas e aprimorar o que você decide, faz ou diz.
- A seguir, apresento uma lista de atitudes que podem ser adotadas por todos que desejam desenvolver a inteligência emocional e, com isso, dominar o medo e a ansiedade. A intenção é que você possa, ao praticá-las, trazer mais paz e tranquilidade para a sua vida.
- **Não querer estar no controle.** Na tarefa de se manter equilibrado diante de uma situação de medo, uma postura muito útil é abrir mão do controle das coisas. Em outras palavras, "não queira estar no controle". Na verdade, poucas são as coisas que você pode efetivamente controlar, mas todos temos essa mania louca de achar que controlamos tudo. Frederic Laloux, em seu livro *Reinventando as organizações: um guia para criar organizações inspiradas no próximo estágio da consciência humana*, afirma que fomos treinados para prevenir e controlar, mas que precisamos aprender a perceber e reagir.

Deepak Chopra, em seu artigo "Como lidar com o medo na crise atual", alerta-nos sobre a armadilha de querermos estar no controle de nossas emoções, em especial em situações em que o medo coletivo aumenta a sensação de impotência, como no caso de guerras, catástrofes naturais e pandemias. Nessas situações, em geral, as pessoas ficam totalmente perdidas, sem ter ideia de como se livrar do medo e da ansiedade que, fatalmente, passam a assolar sua vida de maneira muito mais intensa. Nesse processo, é comum que a sensação de estar sem rumo se intensifique e que as pessoas tenham uma tendência maior a bancar a vítima, abrindo mão de seu poder de agir para mudar a situação.

O segredo para sair dessa situação está exatamente em procurar reforçar a resiliência emocional, em vez de buscar o controle da circunstância e das próprias emoções. Essa resiliência é um dos aspectos mais importantes da inteligência emocional. Com ela, permitimos conscientemente que nossas emoções aconteçam de forma natural, na intensidade necessária, sem tentar detê-las ou controlá-las. Assim, reconhecemos a presença de nossas emoções e decidimos vivê-las em toda a sua intensidade – o que acaba por esgotar seu poder sobre nós.

O que acontece em decorrência dessa postura é que, depois que a emoção passa, nos sentimos mais fortalecidos e capazes de retornar ao nosso estado de paz e tranquilidade. Eliminamos a força e o poder do medo, por exemplo, simplesmente permitindo de maneira consciente que ele se manifeste, se expresse, se esgote e vá embora. Se endurecermos diante do medo e tentarmos enfrentá-lo, ele nos quebra.

Quando o aceitamos, o acolhemos e o vivemos com naturalidade, o medo cumpre seu papel e vai embora. Há uma frase bastante popular que cabe bem para ilustrar essa situação: "Tudo passa. Bom ou mal, tudo passa". Saiba que o medo também passará, assim como a situação que deu origem aos seus temores.

- **Não se preocupar com o que o amanhã trará.** O que nos reserva o amanhã? Não interessa. Apenas viva o dia de hoje, com toda a intensidade, procurando ser o mais feliz possível. Afinal, há uma enorme chance de que nada daquilo com que nos preocupamos efetivamente aconteça.

  Para ser feliz, é necessário viver cada coisa em seu momento. Viver o presente sem se preocupar com o que virá no futuro.

Permanecer de corpo, mente e alma no dia de hoje. Afinal, o hoje é tudo o que realmente temos. Além disso, precisamos ter em mente que, conforme nos inspirou a escritora Mary Ferguson, *"no final, sabemos profundamente que o outro lado de todo medo é a liberdade"*.

- **Vivenciar as situações que lhe causam medo.** Precisamos mesmo vivenciar e aprender a transmutar o medo a nosso favor. Afinal, o medo é uma emoção poderosa, cheia de energia que, ao ser positivada, se transforma em uma força interior que nos deixa mais potentes e realizadores.

Para tratarmos nossos temores de maneira construtiva, antes de mais nada, precisamos avaliar o tipo de medo que está nos assolando. Quanto mais conhecermos nossos medos, mais poderemos atuar na direção correta. Compreender essa emoção profundamente nos dará condições de vivenciá-la com mais propriedade e lidar com ela de maneira mais produtiva e positiva.

Existem algumas atitudes bastante simples que podem ser o primeiro passo a ser dado na direção da superação dos nossos medos, assim como nos ajudam a cuidar de outras emoções: experimente fazer alguns exercícios de respiração orientada e/ou meditação.

Além disso, ajuda muito falar sobre seus sentimentos com pessoas que realmente estejam interessadas em seu bem-estar e sejam bem esclarecidas – uma ótima opção é conversar com profissionais especializados, como psicólogos –, ou mesmo escrever sobre suas emoções. Falar consigo mesmo sobre o problema, diante de um espelho, também ajuda a aliviar a pressão do medo e a tornar mais claras as coisas em sua mente. Portanto, sempre adote a postura de que reconhece que o medo está ali – não o negue –, mas sinta que é sua a responsabilidade de não deixar que ele o domine.

Uma das verdades mais intrigantes é que tudo o que você tenta negar na sua vida acaba se reforçando. Portanto, se tentar evitar o medo, ele cresce; se evitar sofrer com a ansiedade, ela se reforça. Você não vai superar qualquer emoção negativa tentando se esconder dela – antes, é preciso vivê-la intensamente, para que você possa esgotar sua energia de forma efetiva, dominá-la e, então, seguir em frente. Caso contrário, corremos o risco de, conforme nos alertou o político norte-americano Les Brown, *"não vivermos os nossos sonhos porque estamos vivendo os nossos medos"*.

- **Relaxar: o medo é parte da sua natureza.** Se levarmos em conta que, no universo, tudo acontece de forma natural, ficará muito claro que certos medos que experimentamos são apenas parte de nossa natureza. Nossas raízes emocionais estão intimamente ligadas à natureza como um todo, pois somos parte dela. Dessa maneira, vivenciamos a todo instante os ciclos da natureza, interagindo com nossas emoções e nossos sentimentos. Algumas dessas interações causam, naturalmente, determinados tipos de medo que são inexplicáveis.

Na verdade, os ritmos que nos governam são inerentes à vida. Dia e noite, verão e inverno, amanhecer e entardecer são a natureza em ação, atuando diretamente no ritmo de nossas ocupações e atividades diárias e influenciando nossas emoções e até mesmo nossa disposição física. Quem nunca sentiu uma estranha dor pelo corpo todo pouco antes de o tempo mudar para chuva? Quem nunca reclamou de um estranho peso na cabeça, para somente depois perceber que o clima estava para mudar? Estamos integrados à natureza, de tal maneira que nossa evolução se torne plena apenas quando harmonizamos nossos ritmos internos com os externos do mundo natural.

Portanto, nosso temor tem um componente que vem dessa nossa união com a natureza. Determinadas situações naturais nos afetam e nos deixam mais sensíveis ao medo, assim como acontecimentos sociais duros e terríveis o fazem. Por isso, temos de ter paciência conosco. Afinal, tudo nos influencia e tem seu lugar em nossa vida – mesmo o medo.

É de se esperar, portanto, que sua forma de pensar e se expressar tenha efeito, também, nos níveis do medo que você pode estar sentindo. Pensamentos como os listados a seguir podem ajudá-lo a reconquistar a autoconfiança perdida e afastar, ou pelo menos atenuar, sua angústia. Perceba a energia positiva que vem com esses tipos de pensamento:

- Sou potencialmente capaz de tomar decisões, sem ter que recorrer a intermináveis conselhos de outras pessoas.
- Possuo uma individualidade divina, completamente distinta da dos outros.
- Faço as coisas porque gosto, não para agradar as pessoas.
- Não costumo caminhar no sentido da manada, simplesmente porque ela está indo naquele sentido.
- Estabeleço sempre novos relacionamentos, por isso, não tenho medo de ser abandonado.
- Uso constantemente o bom-senso, portanto, as críticas e desaprovações não me atingem com facilidade.
- Tomo minhas decisões, respeitando, porém, as posições e decisões dos outros.
- Confio sempre em Deus, pois Ele é a luz que me guia pelos melhores caminhos.

Preencher o seu dia e a sua mente com a energia positiva proveniente de posturas e pensamentos desse tipo afasta o medo e o leva a acreditar que a vida é sábia e que não existe quem não tenha uma razão de ser. Meu lema é: "Seja otimista e pense sempre de forma positiva". Eu posso garantir-lhe que essa afirmação sempre funcionou muito bem na minha vida e, se quiser, pode acreditar que vai funcionar para você também.

PRÁTICAS PARA LIDAR COM O MEDO

Existem muitos caminhos, técnicas e atividades que nos ajudam a lidar melhor com o medo. Relacionei a seguir alguns deles, de maneira simplificada, para que você possa colocar em prática rapidamente e facilitar o seu dia a dia. Lembre-se sempre de que, conforme disse Ralph Waldo

Emerson, "não aprendeu a lição da vida quem não domina o medo de cada dia".

- **Descobrir o que é possível fazer.** Um grande passo para diminuir o medo é você se conscientizar do que pode realizar – ou o que tem de parar de fazer – para combater seu medo. Pergunte-se:
  - Há algo que estou fazendo que está inflamando meu medo?
  - Estou prestando muita atenção, de maneira inadequada, a tudo o que está desencadeando meu medo?

  Quando tiver essas respostas, ficará mais fácil entender quais são as atitudes que você pode adotar para se livrar de seus temores.
- **Buscar fazer coisas positivas.** Existem muitas coisas positivas que você pode fazer para diminuir seu medo. É possível ter uma conversa útil com um amigo, que o deixará um pouco mais calmo e corajoso, mesmo que a situação que desencadeou seu medo ainda não tenha mudado. Talvez você possa, nessa conversa, compartilhar perspectivas encorajadoras ou relembrar coisas em sua vida que estejam indo bem e lhe deem forças para lutar contra seus temores.
- **Cuidar e manter seu corpo e sua mente saudáveis.** Você pode comer bem, ter uma boa noite de sono, fazer exercícios físicos e meditação. Parecem coisas bem básicas, mas tudo isso promove uma enorme diferença. Dessa forma, fica evidente, para você mesmo, que está decidindo conscientemente fazer coisas que irão diminuir sua experiência de medo por si só, em vez de permanecer impotente diante de suas emoções, como se não tivesse escolha. Essa decisão o fortalece e o prepara para lutar melhor pela sua serenidade e sua paz de espírito.

É necessário que você respeite seu medo, assim como honre e respeite todas as emoções que surgem em seu peito. Cada uma delas – alegria, tristeza, dor, ansiedade, alívio etc. – é apenas uma onda em nosso oceano interior.

Quando aceitamos que o medo existe, validamos nossa experiência de vida. Quando o encaramos com naturalidade e trabalhamos para resolvê-lo, não estamos mais presos a ele: assumimos a responsabilidade por nossa vida e nossa felicidade e, ao fazer isso, nos tornamos mais livres.

É importante entender que, quando alguém está decidido a fazer algo, isso diminui o medo, pois saber o que deve ser feito acaba com ele. Por isso, sempre pare e avalie o que você realmente quer para a sua vida.

Cada um de nós deve enfrentar os próprios medos, ficar de frente com eles e dizer para si mesmo: nenhum medo é maior do que a minha vontade. A forma como lidamos com nossos medos determinará para onde iremos no resto de nossas vidas.

Por fim, veja o que ensinou Nelson Mandela: *"aprendi que a coragem não é ausência de medo, mas o triunfo sobre ele. O homem corajoso não é aquele que não sente medo, mas aquele que conquista por cima desse medo"*.

PARA SAIR DA SOLIDÃO

Para começar a falar sobre solidão, você precisa responder à seguinte pergunta: estar sozinho é algo prazeroso ou angustiante?

É fato que cada um de nós sente isso de maneira diferente e, exatamente por isso, precisamos ter clareza sobre o modo como a solidão nos afeta. É a partir dessa consciência que direcionaremos a energia certa para lidar com a condição de estar só.

A solidão é parte natural da experiência humana, e todos a sentimos em um momento ou outro de nossa vida. Momentos de solidão nos acompanham ao longo de nossa existência, desde as situações mais simples e corriqueiras até as mais difíceis de serem enfrentadas.

Para ter uma ideia de como a solidão está sempre nos acompanhando, basta lembrar, por exemplo, do nosso primeiro dia na escola, ainda na infância, quando fomos deixados no meio de uma multidão de crianças e pessoas que não conhecíamos, ao mesmo tempo que víamos nossos pais se afastarem. Para muitos de nós, foi como se tivéssemos sido abandonados no mundo, com uma dor paralisante, sentindo como se fôssemos morrer. Em nosso peito havia um sentimento que não sabíamos explicar, mas que hoje entendemos que era uma forma de solidão.

À medida que crescemos, devido à natureza de a vida ser incerta e imprevisível, às vezes a solidão volta a bater à nossa porta. Situações transitórias, como o isolamento físico, a mudança para um novo local, o divórcio, doenças, a perda de um emprego ou a morte de alguém importante para nós, são exemplos de acontecimentos que nos desequilibram emocionalmente e nos fazem sentir solidão. Dessa forma, ao mesmo tempo que ansiamos estar com pessoas queridas, temos dificuldade de nos conectar profundamente com elas, por medo de sentirmos a dor da solidão, caso elas se afastem de nós por algum motivo.

A solidão é uma carência que afeta todos, mas que é experimentada de maneira única, individual, dependendo apenas de como a pessoa a encare. Você pode temê-la e deixar-se levar por uma intensa dor, em que se sente vazio, sozinho e rejeitado; ou então pode aceitá-la, vendo nisso a chance de aprender a olhar mais para si mesmo e se conhecer de forma mais profunda.

Assim como todos os outros desafios que enfrentamos, a solidão nos impulsiona para que nos movamos em direção à evolução. Ela dói, incomoda e, por isso mesmo, faz com que busquemos soluções e, assim, nos ajuda a crescer como pessoa.

Para tirar o melhor resultado de seus momentos de solidão, é preciso aprender a lidar de maneira assertiva com esse sentimento quando ele não puder ser evitado e, então, usar essa energia para desenvolver um caráter firme, capaz de definir seus rumos e ajudá-lo a realizar seu propósito de vida.

SOLITUDE OU SOLIDÃO?

A primeira e principal coisa que devemos aprender, se quisermos ter uma vida mais equilibrada mesmo em situações de isolamento social, é diferenciar a solidão de solitude. A primeira costuma ser algo negativo; e a segunda sempre é positiva. Portanto, quando falamos em solidão com o intuito de buscar uma solução para essa dificuldade ou problema, necessariamente temos de voltar nossos olhos para a solitude. Como bem disse a poetisa May Sarton, *"a solidão é a pobreza do eu; a solitude é a riqueza do eu"*.

Podemos dizer que, por definição, a solidão é o sofrimento pela falta de companhia. Pode acontecer de modo voluntário, ou seja, quando a pessoa decide estar sozinha por vontade própria; ou ser uma situação imposta, quando o indivíduo se encontra sozinho em decorrência de circunstâncias adversas da vida.

Existem, também, algumas linhas de pensamento que encaram a solidão como algo que faz parte da essência do ser humano. Logo, cada pessoa vem ao mundo sozinha, atravessa a existência como um ser em separado e, no fim, morre sozinha. Aceitar esse fato, lidar com isso e aprender como direcionar nossa vida de maneira plena e satisfatória são partes da condição humana. Dentro dessa linha de pensamento, o escritor e clérigo anglicano Laurence Sterne escreveu: *"em solidão, a mente ganha força e aprende a se apoiar em si mesma"*. Independentemente das definições, o mais importante a destacar é a diferença entre a solidão e a solitude.

A solitude é um estado de espírito positivo, determinado pelo fato de que a pessoa escolhe estar sozinha, bem e satisfeita consigo mesma nessa condição. Na solitude, você abre espaço para suas reflexões, para cuidar de si mesmo, meditar e trazer equilíbrio para seu corpo, sua mente e seu espírito, de forma que possa se realimentar energeticamente. Segundo Paul J. O. Tillich, um teólogo alemão e filósofo da religião, ela pode ser descrita como *"a glória em estar sozinho"*, o que significa querer estar e aproveitar esses momentos únicos consigo mesmo.

De acordo com Isabela Sartor, no artigo "O que é solitude?", Tillich defende que é apenas quando estamos a sós, na solitude, que conseguimos entrar em contato com nosso mundo interior, colocar os pensamentos em ordem e observar o significado de nossas emoções, além de encontrarmos beleza no silêncio e na tranquilidade que só ele é capaz de proporcionar.

A solitude é um isolamento voluntário, positivo e construtivo. É ter momentos sozinho e não sofrer com isso. É não sentir a necessidade constante de ter uma pessoa por perto e, mesmo assim, viver em paz consigo mesmo. A solidão, por sua vez, é um estado de espírito negativo, em que a pessoa está constantemente sentindo falta de alguém. É quando um indivíduo passa por um estado de profunda separação em relação ao mundo, que pode manifestar-se por meio de sentimentos debilitantes e bloquear sua capacidade de ter uma vida cultivando relacionamentos saudáveis.

A solidão tem um significado mais negativo, associado à dor e ao sofrimento. Ela remete à angústia, à sensação de vazio. É o sentimento de não conseguir ser feliz por ter a sensação de que lhe falta algo, ou alguém, na vida. Contudo, vamos mais além: podemos sentir solidão mesmo estando rodeados de pessoas queridas e importantes para nós. Ela é uma condição mental, ou um estado de espírito, e não apenas a ausência física de alguém cuja companhia apreciamos.

Ao longo do tempo, solidão e solitude vêm sendo comparadas, ora como situações excludentes, ora como posições complementares da natureza humana. Assim sendo, encontramos conceitos e ideias diferentes, como a defendida por Aldous Huxley, que diz que *"quanto mais poderosa e original uma mente, mais ela se inclinará para a religião da solidão"*. Também apreciamos o pensamento de Arthur Schopenhauer, dizendo que *"um homem só pode ser ele mesmo enquanto estiver sozinho; e se não amar a solidão, não vai amar a liberdade; pois é só quando está sozinho que ele é realmente livre"*.

Já o autor anglo-indiano Ruskin Bond afirmou que *"você pode não gostar da solidão, porque a solidão é triste. Mas a solitude é outra coisa; solitude é o que você anseia quando quer ficar sozinho, quando quer estar consigo mesmo. Portanto, a solitude é algo que todos nós precisamos ter de vez em quando"*. A acadêmica e escritora Alice Koller nos encantou com os dizeres: *"ter solitude é estar bem sozinho: estar sozinho luxuosamente, imerso em ações de sua própria escolha, ciente da plenitude de sua própria presença e não da ausência dos outros. Porque a solitude é uma conquista"*.

Por fim, Paul Tillich completa nossa apreciação nos brindando com: *"nossa linguagem percebeu sabiamente esses dois lados do homem estar sozinho. Ela criou a palavra 'solidão' para expressar a dor de estar sozinho. E criou a palavra 'solitude' para expressar a glória de estar sozinho. Embora na vida diária nem sempre distingamos essas duas palavras, devemos fazê-lo de forma consistente e, assim, aprofundar nossa compreensão de nossa situação humana"*.

Diante desses conceitos, é simples concluir que estar sozinho não faz você se sentir solitário. Solidão é ter outras pessoas, a sociedade e a comunidade à sua volta e, mesmo assim, sentir-se excluído. Portanto, como afirmaram Kishimi Ichiro e Fumitake Koga, no livro *A coragem de não agradar*, para nos sentirmos solitários, precisamos de outras pessoas, por mais estranho que isso possa parecer.

Para não sofrer de solidão, você precisa respeitar os valores de sua alma. A solidão aparece quando você nega seus sentimentos e ignora suas experiências interiores. Quando se distancia de quem realmente é, você desenvolve um sentimento de autoabandono, de isolamento, mesmo que esteja rodeado pelas pessoas mais importantes e queridas de sua vida, e é assim que sentimos solidão.

É importante ter a noção de que nem sempre o isolamento involuntário pode ser encarado como dor ou sofrimento. Ele é, em muitas ocasiões, composto de períodos de preparação, de crescimento, convites da vida ao amadurecimento. Isso ocorre quando optamos por transformar nossa solidão em solitude, portanto, podemos usar esse recurso para nos aprimorarmos, equilibrar nossas emoções e estabelecer a paz interior.

É justamente nos momentos de solitude que você consegue obter a motivação necessária para estabelecer a verdade sobre suas emoções. Na solitude, encontramos sanidade para nosso mundo interior, formulamos respostas seguras para nossos caminhos incertos e nutrimos os labores que enfrentamos em nossa viagem terrena.

Tenha clareza do fato de que a solidão deve ser trocada pela solitude para que você realmente passe a ter uma vida mais plena, feliz, assertiva e construtiva.

ABRAÇANDO A SOLIDÃO

Qualquer coisa que o faça sentir-se sozinho, separado dos outros, fora do mundo, ou como uma espécie de "patinho feio isolado em meio a um bando de cisnes", traz o sentimento que chamamos de solidão. Entretanto, não existe pessoa alguma que nunca tenha se sentido assim na vida; a solidão é uma realidade para todos nós e, às vezes, temos de encará-la e viver suas influências e consequências. O poeta e filósofo espanhol Miguel de Unamuno pintou um belo quadro ao dizer estas palavras: *"apenas na solidão nos encontramos. E em nos encontrarmos, encontramos em nós mesmos todos os nossos irmãos em solidão"*.

Contudo, não pense que o isolamento é algo ruim por si só. Na verdade, ele nos traz como mensagem que precisamos de uma ligação com outras pessoas, para sobreviver, viver plenamente, realizar nosso propósito na vida. Afinal, somos seres sociais, e todo o nosso desenvolvimento está, de alguma maneira, atrelado ao das pessoas com quem nos relacionamos, o que significa que, quando surgir a solidão, devemos aprender a entendê-la, conviver com ela e transformá-la em força a nosso favor.

Uma das boas estratégias para viver a solidão com mais leveza é procurar tirar o peso emocional que a envolve, buscando nela espaços que nos permitam ficar bem conosco, apesar de algumas coisas não estarem muito boas naquele momento. Atividades solitárias como meditação, oração, arte, música e passear um pouco ao ar livre podem ser fontes de conforto e alegria, que nos manterão mais satisfeitos com a nossa vida enquanto trabalhamos para criar ou restabelecer conexões com pessoas que podem fazer com que nos sintamos menos sós.

O primeiro passo para construir conexões fortes com outras pessoas é estabelecer uma ligação mais forte consigo mesmo. A partir daí, será possível fortalecer suas conexões sociais e ter mais companhias. Estabelecer uma conexão forte consigo mesmo começa com o perfeito entendimento do que você está vivendo e sentindo, para, assim, melhorar a energia que está associada ao fato, muitas vezes inevitável, de estar só em determinados momentos da sua vida.

Para viabilizar todo esse processo de melhorar sua energia, quando começa a sentir solidão, é interessante se questionar sobre o que você sente e a forma como está reagindo ao que lhe acontece. Para compreendermos a nós mesmos com mais profundidade, Tony Robbins, no livro *Desperte seu gigante interior*, sugere que nos perguntemos:

- Eu estou realmente me sentindo solitário? Por quê?
- É possível que eu esteja apenas interpretando a situação de forma equivocada? Se for o caso, por que estou fazendo isso?
- Estou sentindo solidão porque não tenho pessoas com quem me relacionar, ou simplesmente porque não procuro as pessoas?
- Que mensagem eu quero passar para mim mesmo e para o mundo com a minha solidão?
- Caso o que eu estou sentindo seja mesmo solidão, o que preciso fazer neste momento para melhorar a situação?

Em geral, o sentimento de solidão nos indica que estamos precisando agir no sentido de nos ligarmos mais às pessoas. Por alguma razão que talvez não conheçamos, optamos por nos afastar do mundo e das pessoas e nos confinamos a uma condição dolorosa de sentimento de abandono.

É importante perceber que, mesmo quando existe uma razão externa para o seu isolamento, como no caso da pandemia de Covid-19, que exigiu o distanciamento social, ainda assim a solidão será uma opção somente sua. Afinal, até nas condições mais rígidas de isolamento, sempre podemos nos manter em contato com pessoas que são importantes para nós.

É fundamental compreender que somente você é capaz de afastar a solidão da sua vida, trata-se de uma atitude individual. Essa solução virá da sua decisão de se projetar para fora de "seu mundinho solitário" e estabelecer uma ligação com pessoas interessantes que estão por toda parte, inclusive em seu círculo social.

A solidão que sentimos implode quando dirigimos nosso foco para ajudar o próximo de alguma forma, o que significa que trabalhar para evitar a solidão pode fazer com que nos tornemos pessoas protetoras, focando o bem do próximo, praticando a generosidade e oferecendo nossa companhia. Com o tempo, essa atitude nos permitirá conhecer ainda mais pessoas, e poderemos nos cercar daquelas que apreciem nossa companhia.

CONSELHOS ESSENCIAIS PARA QUEM QUER SAIR DA SOLIDÃO

Para aprender a lidar com a solidão, existem alguns pontos essenciais que precisamos ter em mente e colocar em prática em nosso dia a dia. Terapeutas, psicólogos, assistentes sociais e demais profissionais da área de saúde indicam algumas linhas de pensamentos e ações para superar a sensação de vazio que experimentamos quando nos sentimos sós e por meio das quais podemos aprender a aproveitar melhor a nossa vida.

- **Antes de mais nada: descubra o motivo por trás de sua solidão.** A melhor maneira de lidar com a solidão é descobrir o que está por trás dela. O que aconteceu para que você chegasse a esse estado? Avalie os acontecimentos que o trouxeram até essa condição e procure perceber quais foram os gatilhos disparados que o lançaram ao sentimento de solidão. Esse é o primeiro passo para traçar uma estratégia eficaz a fim de enfrentar a situação. Conhecer "o inimigo" nos coloca em vantagem sobre ele.

- **Aprenda a aceitar quem você é.** Seja verdadeiro consigo mesmo. Não tente aparentar o que você não é apenas para agradar e atrair pessoas para junto de si. Quando você não é autêntico, as pessoas não ficam por perto durante muito tempo. Mesmo se ficarem, isso não vai ajudá-lo a acabar com a solidão, pois o fato de estar negando a si mesmo o fará se sentir como não merecedor das amizades que conquistar.
- **Compreenda que amigos não são encontrados ao acaso; é você quem constrói suas amizades.** Ter amigos ajuda a reduzir a solidão, muito embora existam pessoas que se sintam sós mesmo cercadas por muitos deles. Contudo, é preciso ser ativo no sentido de construir amizades. É necessário ter a iniciativa de "cultivar pessoas" para colher bons amigos.
- **Curta seus momentos de solidão.** Em outras palavras, transforme essas ocasiões em momentos de solitude. Aproveite a oportunidade para pensar sobre seus erros e acertos na forma como você vive e se relaciona com as outras pessoas. Fazer essa reflexão enriquece sua percepção sobre o que pode ser aprimorado em seu modo de ser e de conviver.
- **Entenda que a solidão é um sentimento, não um fato definitivo.** Quando se sentir só, aceite isso e viva o momento. Não se desespere. Acredite que esse sentimento vai passar. A solidão é só um evento, passageiro, não é você como pessoa, nem uma sina de que você não pode se livrar.
- **Fique atento para perceber quando os pensamentos de solidão surgirem.** Tudo de que mais precisamos nesses momentos de solidão é alento e pensamentos e lembranças positivas e agradáveis,

que nos ajudem a valorizar o que temos de melhor. Assim, quando os pensamentos de solidão surgirem, não se entregue a eles.

- **Esteja sempre em contato com sua família e seus amigos próximos.** Nunca se esqueça da importância que essas pessoas têm na sua vida e esteja consciente da sua relevância na vida delas. Mantenha contato com os amigos, visite sua família, saia com pessoas que lhe agradam, telefone para elas, troque mensagens, esteja presente na vida dos outros e eles estarão presentes na sua. Não abra mão da boa energia que pode vir desses relacionamentos.
- **Cultive um relacionamento próximo com sua espiritualidade.** A espiritualidade é um dos fatores mais importantes para combater a solidão, pois nos mantém conectados com a ideia de que fazemos parte de algo muito maior do que nós e de tudo aquilo que podemos ver ao nosso redor. Ela nos faz pensar em bondade, generosidade, respeito e amor ao próximo. E isso tudo nos traz emoções positivas e paz de espírito, o que, normalmente, reduz o sentimento de solidão.
- **Mantenha vivo o seu interesse por atividades em grupo.** Embora, a princípio, pensar em atividades em grupo seja algo um tanto difícil para quem está vivenciando um processo de solidão, é muito importante não perder de vista essa possibilidade. Mantenha a esperança de que, em breve, você participará com outras pessoas de atividades agradáveis e prazerosas. Faça sempre um esforço para caminhar nessa direção.
- **Não se cobre demais.** Você deve procurar construir relacionamentos saudáveis e manter contato com pessoas agradáveis e positivas, para ajudar a diminuir os efeitos da solidão. Contudo, não faça disso uma espécie de cruzada desesperada. Aceite que esse processo leva tempo e que o importante é dar um passo de cada vez, avançar um pouco a cada dia na direção desse objetivo.
- **Procure conhecer pessoas com interesses parecidos com os seus.** Pode ser por artes, música, um time de futebol; enfim, quando

as pessoas têm uma paixão compartilhada, acabam aproximando-se mais e construindo relacionamentos mais duradouros.

- **Quando sentir solidão, não se isole.** Muito pelo contrário, procure aproximar-se de pessoas com quem você tenha maior afinidade. Se não houver a possibilidade de uma aproximação física, use as redes sociais, ligue, envie mensagens eletrônicas para estabelecer e/ou manter um contato mais próximo com as pessoas.
- **Seja sempre autêntico.** Dedique-se a fazer coisas que realmente sejam do seu interesse e do seu gosto. Dessa maneira, quando encontrar pessoas pelo caminho e fizer amizade com elas, terá a certeza de que existem muitas afinidades entre vocês. Isso traz uma qualidade ímpar para a amizade que vocês irão construir juntos.
- **Seja generoso e realmente interessado no bem dos outros.** Quando nos ocupamos em ajudar as outras pessoas, sentimos que nossa vida tem mais sentido. Além disso, as pessoas passam a estar mais presentes em nossa vida. Isso tudo afasta a solidão.
- **Seja um bom conversador.** Converse com desconhecidos, puxe conversa com pessoas que você encontra no seu dia a dia. Um cumprimento amigável, uma palavra atenciosa, um pequeno movimento na direção de alguém, além de nos dar satisfação, pode nos proporcionar a oportunidade de fazer uma nova amizade.
- **Sinta-se bem com a própria companhia.** Crie atividades que você possa praticar sozinho e usar seu tempo de maneira útil e agradável. Aproveite a oportunidade de estar só para conhecer um pouco mais sobre si mesmo e as coisas de que você gosta.
- **Tenha interesse legítimo pelas outras pessoas.** Demonstrar interesse pelas pessoas diminui o sentimento de solidão, pois tira você do foco dos seus pensamentos e o direciona a outra pessoa. Além disso, quando os outros percebem seu interesse, acabam aproximando-se de você e estabelecem bons relacionamentos.
- **Tenha um animal de estimação.** Quem nunca teve um bichinho de estimação não é capaz de imaginar o quanto nossa vida fica mais

alegre na sua companhia. Não tem solidão que resista à presença de um desses pequenos seres amorosos no nosso dia a dia.
- **Use as redes sociais como pontes.** As redes sociais são um excelente meio de encontrar pessoas com quem temos afinidades e, também, ótimas pontes para encurtar o caminho entre as pessoas. Habitue-se a garimpar novas amizades na internet, mas cuide sempre de fazer um trabalho consciente e responsável nesse sentido.

É bastante comum que, em nossa sociedade, as pessoas tenham tendência a acreditar que ficar sozinho é ruim, e quase nunca somos incentivados a parar um pouco e contemplar o que está acontecendo conosco e com a nossa vida. No entanto, passar um tempo na própria companhia pode ser altamente positivo. Não é porque gostamos de ficar sós, às vezes, que podemos ser taxados de antissociais, esquisitos ou rabugentos. É perfeitamente normal adorarmos ter amigos e bons relacionamentos, assim como é normal querermos passar algum tempo desacompanhados.

Nessa linha de pensamento, considero que a melhor forma de lidar com a solidão é transformá-la em solitude. É uma situação extremamente vantajosa para nós.

RESGATANDO NOSSO LADO HUMANO

Atualmente, é bastante comum levar uma rotina desgastante, que exige muito mais do que nos sentimos capazes de oferecer ao mundo. Vivendo em um ambiente de alta competitividade, agitação, pressa e rivalidade, no qual, infelizmente, equivocamo-nos e passamos a dar valor a coisas supérfluas, nós nos acostumamos a estar em constante tensão psicológica, submetendo-nos ao estresse e, muitas vezes, a um isolamento inconsciente – e, por vezes, caímos, vítimas do sentimento de solidão.

Ao mesmo tempo, vivemos hoje em dia em meio a um ambiente alvoroçado, repleto de elementos agressivos que nos tiram energia e exigem nossa atenção. Resultado: nos desgastamos e temos poucas oportunidades para cuidar de nós mesmos e das nossas emoções.

É nesse contexto que surge a necessidade de buscar um espaço para nos dedicarmos, durante algum tempo, ao silêncio, a instantes de reflexão, com o objetivo de harmonizar nosso mundo interior e exercitarmos um aprendizado mais completo das lições que a vida nos reserva. Estar sozinho pode ser uma experiência positiva, prazerosa e que traz até mesmo alívio emocional, desde que estejamos conscientes dessa opção de ficar a sós em determinados momentos.

Quando nos é imposto um isolamento, precisamos perceber que se trata de uma situação que nos dá a oportunidade de voltar a cuidar de determinados valores que sempre foram essenciais, mas que deixamos de lado em função das excessivas demandas do dia a dia e da nossa constante falta de tempo.

Você pode usar o isolamento para dedicar mais tempo aos seus entes queridos, mesmo que a distância, realizar tarefas que normalmente seriam adiadas, apreciar as pequenas coisas, importar-se verdadeiramente com seus filhos, amigos, parentes e vizinhos, descobrir habilidades nunca exploradas. Quando você adota esse tipo de atitude, entende que está havendo um esforço consciente de sua parte a fim de transformar a solidão em solitude, e que está escolhendo parar um pouco para refletir, explorar e expandir seus limites e investigar mais sobre si mesmo.

Em vez de se lamentar por todas as restrições de um eventual isolamento, ao adotar essa postura, você passa a se dar conta de que, dentro de si, existe alguém sensível, esperançoso e amoroso, que anseia atuar de modo a construir um mundo mais consciente e humano – no qual, no fundo do coração de cada um, independentemente de todas as divisões sociais, raciais ou religiosas, todos desejamos viver.

Então, toda a sensação de solidão desvanece, e a plenitude toma conta de nosso ser, porque passamos a ter consciência de que a solitude é, com certeza, um dos caminhos que nos deixam mais próximos do divino. É uma das maiores oportunidades que temos para atingir uma compreensão maior sobre nós mesmos e a nossa conexão com o mundo de Deus.

Como exemplifica Francisco do Espírito Santo Neto, em seu livro *As dores da alma*, um dos grandes exemplos que Jesus Cristo nos deu foi sobre o valor de estarmos a sós e olharmos profundamente para o nosso interior e, assim, compreendermos qual é o nosso papel na vida e ganharmos forças para prosseguir. Jesus constantemente se retirava para locais isolados, para a intimidade que o silêncio proporciona, pois entendia que a elevação da alma somente é possível na privacidade da solitude. Quando há silêncio em nosso coração e em nosso intelecto, ficamos cientes de que nunca estamos sozinhos neste mundo.

PRÁTICAS PARA LIDAR COM A SOLIDÃO

Existem muitos caminhos, técnicas e atividades que nos ajudam a lidar melhor com a solidão. Relacionei algumas orientações nessa direção, de maneira simplificada, para que você possa colocá-las em prática rapidamente e facilitar o seu dia a dia. O grande segredo para lidar com a solidão é transformá-la em solitude.

Preencher seu tempo com atividades agradáveis. Você deve pensar nas atividades que o deixam feliz e dedicar-se a elas com a maior frequência possível.

Aprender coisas novas. Quando se trata de se divertir sozinho, aprender algo novo é uma das melhores coisas que você pode fazer. Lembre-se de que você nunca está velho demais para aprender algo novo.

Divertir-se. Quando nos tornamos adultos, raramente brincamos. A melhor maneira de desfrutar da solidão é dar permissão à sua criança interior para brincar e divertir-se. Todos nós temos uma criança interior que permanece conosco quando crescemos. Ela nunca morre. Nutra sua criança interior aproveitando o tempo em que você está só para se divertir mais.

Meditar. A meditação diária de apenas dez minutos pode ajudá-lo a acalmar os nervos, permitindo que você adquira maior clareza mental. Você se sentirá mais tranquilo e atento a todos os prazeres que o cercam.

Exercitar-se. Estudos e pesquisas já demonstraram inúmeras vezes que os exercícios físicos ajudam a melhorar nosso estado mental e físico e afastam o sentimento de solidão.

Considerar o serviço comunitário. Essas atividades apresentam grandes oportunidades de conhecer pessoas, cultivar novas amizades e ter mais interações sociais, o que diminui a probabilidade de que você se sinta só.

Esperar o melhor. Pessoas solitárias costumam esperar rejeição; então, concentre-se em pensamentos e atitudes positivas em seus relacionamentos e perceba como você será aceito com muito mais facilidade.

Focar o desenvolvimento de relacionamentos de qualidade. Procure pessoas que compartilhem atitudes, interesses e valores semelhantes aos seus.

Para concluir este capítulo, resta dizer que, resumidamente, a solidão é o estado em que ansiamos por companhia, mas não a temos. Já a solitude é o estado em que buscamos olhar mais profundamente para nós mesmos, a fim de entender quais são as coisas que realmente importam, lembrar-nos dos valores e propósitos sagrados para nós e, por conseguinte, realinhar nossas atividades diárias.

Quando encaramos a solitude como uma oportunidade de crescimento espiritual, ela pode nos nutrir e energizar enquanto estivermos sozinhos. Mais tarde, quando retomarmos nossos compromissos sociais, a reorientação resultante de uma solitude bem aproveitada pode ajudar a nos tornarmos mais focados e eficazes. Enfim, a solitude pode ser encarada como uma prática espiritual, pois liberta nossa alma e nos lança a patamares superiores no que diz respeito à compreensão que temos de nós mesmos e do nosso propósito de vida.

VENCENDO A FRUSTRAÇÃO

A frustração ocorre quando identificamos um desvio entre o que planejamos alcançar e o que realmente acontece. É um estado emocional que experimentamos quando nossas necessidades, nossas vontades e nossos desejos não estão sendo prontamente atendidos, ou mesmo quando não são alcançáveis.

Posso dizer que já experimentei muita frustração na minha vida de empreendedor, desde aquela devida a pequenos erros que cometi, como quando aos nove anos comecei a vender laranjas de porta em porta, mas o empreendimento não deu certo, pois eu não sabia que elas eram sazonais e só estavam disponíveis em determinada temporada do ano; até os diversos casos de grandes negócios que empreendi e que acabaram não vingando, por uma razão ou outra. É claro que a frustração esteve presente nessas ocasiões, mas não deixei que ela me fizesse desistir de empreender – aliás, uma das frases que mais repito para quem precisa é "Não desista jamais. Se for desistir, desista de ser fraco, desista de desistir".

"A frustração, embora às vezes muito dolorosa, é uma parte muito positiva e essencial do sucesso". Essa frase de Bo Bennett, empresário do ramo literário, reforça essa linha de raciocínio. Algo com que concordo plenamente.

No dia a dia, desde muito jovens, somos ensinados a pensar que, se dermos o nosso melhor, tudo correrá bem e teremos a recompensa pelo nosso empenho. Entretanto, nem sempre é exatamente assim que acontece. Muitas vezes, o resultado que planejamos e pelo qual lutamos não vem, então, somos invadidos pelo desânimo e pela decepção. Temos de conviver com a frustração de que o empenho e o trabalho árduo não deram frutos, nem nos levaram aos resultados que esperávamos e dos quais nos considerávamos merecedores. Por isso, muitas vezes, ficamos desmotivados e sem energia para seguir adiante.

Estar frustrado é uma condição descrita, normalmente, como uma sensação de estagnação ou impotência, por não sabermos fazer as coisas acontecerem da maneira como gostaríamos. Também é uma sensação de incapacidade diante dos desgostos sofridos, perante obstáculos considerados muito difíceis de ultrapassar e que nos impeçam de chegar aonde desejamos.

A frustração apresenta alguns sinais e sintomas, tanto de cunho físico quanto psicológico. Fisicamente falando, a pessoa frustrada pode ter, por exemplo, falta de energia, cansaço, perda de apetite, insônia. Já no nível psicológico, é comum surgir sensações de desesperança, decepção, tristeza e até mesmo raiva.

Em casos mais intensos, a frustração se mostra de tal maneira que se torna um prejuízo para as atividades diárias, fazendo com que percamos a capacidade de fazer o que é preciso, mesmo em atividades que antes eram rotineiras. Esses são casos que requerem um cuidado especial, em que é necessário que estejamos atentos aos nossos sentimentos, procurando compreender o que os desencadeou e como podemos lidar com eles. Com frequência, a ajuda de profissionais da psicologia e áreas afins se torna fundamental para entender e lidar com a situação de maneira mais apropriada.

Como parte de um processo natural da vida, as frustrações são inevitáveis. Mesmo a pessoa mais bem-sucedida pode, às vezes, pensar no que não está dando certo em determinado momento de sua vida e entrar em um estado de frustração. "É claro que todo mundo tem aqueles momentos de frustração de vez em quando... Mas é muito problemático parar apenas por ter tido um momento de frustração. É quando você continua que faz mais progresso", disse a violinista norte-americana Hilary Hahn.

Portanto, na medida do possível, devemos aprender a enfrentar essas situações de modo a minimizar o sofrimento decorrente delas. Os efeitos das frustrações não serão tão graves se desenvolvermos um bom nível de consciência e tolerância a elas.

É importante ter consciência de que você sempre pode colocar seu foco nas coisas que dão certo em sua vida e, assim, viver de modo mais leve e prazeroso, construindo seus sonhos. Não importa o quanto determinada situação seja difícil, você sempre pode representá-la de uma forma que o fortaleça ou, pelo menos, não o faça sofrer em demasia.

EXPECTATIVA E FRUSTRAÇÃO

A frustração só ocorre quando existem expectativas, mas a verdade é que não dá para viver sem esperar nada da vida. Não existe vida se não houver desenvolvimento ou evolução do ser humano. E essa evolução só acontece quando se espera, anseia-se por algo melhor, por mudanças que nos elevem ao próximo patamar de consciência e de viver. Uma vez que as expectativas são necessárias – e inevitáveis, seja em que situação for –, quanto maior elas se mostrarem, maior será a frustração caso não se concretizem.

Embora uma dose moderada de frustração possa ser útil para nos estimular a avançar em direção aos nossos objetivos, é preciso saber lidar bem com isso, pois uma expectativa excessiva alimenta o potencial de frustração em qualquer situação.

O guru indiano Osho, em seu livro *A divina melodia*, conta que costumava ficar com uma família quando viajava para Calcutá. Em uma das vezes em que foi para lá, o casal foi buscá-lo no aeroporto. Osho notou que o marido estava muito triste e perguntou a ele qual era o problema. O homem respondeu que tivera uma grande perda. Contudo, ao ouvir isso, sua esposa começou a rir. Ela disse: "Não se preocupe com o que ele diz. Não houve perda alguma. Na verdade, houve um grande lucro".

Osho pediu, então, aos dois que explicassem esse aparente enigma. A esposa disse: "é que ele esperava ganhar dez milhões de rúpias e ganhou apenas cinco milhões". E o marido retrucou: "perdi cinco milhões de rúpias". Então a esposa completou: "eu digo que ele lucrou, mas ele não me escuta e por isso está muito triste".

A lição por trás dessa história é que quando esperamos ganhar dez milhões e ganhamos cinco, sentimo-nos frustrados. Contudo, se não estamos esperando nada e ganhamos cinco milhões, ficamos cheios de alegria e de gratidão. Portanto, a frustração vem da expectativa. Não esperemos coisa alguma, e toda a nossa vida se torna uma alegria. Esperemos muito, e a nossa vida pode tornar-se um inferno.

Sempre que nos sentirmos infelizes e frustrados, é importante percebermos que a causa disso está em nossas expectativas. Sempre que esperamos algo e criamos expectativas, estamos pedindo frustração. A expectativa é a causa; a frustração, o efeito. Se não queremos viver o efeito, precisamos evitar a causa; ou, ainda, se queremos mudar algo, devemos começar por mudar a causa. Podemos continuar lutando contra a frustração e nada acontecer, exceto ficarmos cada vez mais frustrados.

Nesse caso, o segredo para manter a frustração sob certo controle é administrarmos bem as nossas expectativas, sermos conscientes e realistas quanto ao que esperamos da vida – e sem ser pessimistas, é claro.

Além das expectativas não atendidas, contar com coisas além do nosso controle e ter obsessão por buscar validação externa para o que fazemos podem ser fontes de algumas das frustrações em nossa vida. Esses são, portanto, outros pontos de que devemos cuidar se quisermos enfrentar menos frustrações.

FRUSTRAÇÃO E ACEITAÇÃO

Não é incomum que em certos momentos da vida enfrentemos grandes provações, as quais, muitas vezes, são mesmo infelizes ou injustas. Parecem vir exatamente quando não estamos preparados para elas. Contudo, é a maneira como decidimos reagir ao que é lançado sobre nós que determina o nosso nível de felicidade ou frustração.

A vida nos pede crescimento. Por isso, cedo ou tarde nos trará momentos de frustração, que nos incitam a fazer mais em busca de satisfação. Isso faz parte do nosso processo de evolução e é um saudável indicador de que estamos buscando ampliar os nossos horizontes.

Também é uma verdade bastante comum que as pessoas, quando se sentem frustradas, lutam desesperadamente contra suas emoções, com frequência tentando até mesmo esconder seus sentimentos, por vergonha ou na esperança de que eles desapareçam caso sejam ignorados.

Contudo, o fato é que sentimentos intensos não vão embora simplesmente: eles devem ser reconhecidos e tratados de maneira consciente e assertiva. O passo crucial do processo de lidar com seus sentimentos é a aceitação. Somente admitindo que está frustrado e aceitando que precisa lidar com isso é que o caminho para a solução começa a se abrir.

Negar a frustração, ou culpar os outros, Deus ou quem quer que seja, não vai ajudar a resolver seus problemas. Se você não cuidar da sua frustração e dos sentimentos que estão por trás dela, isso acabará afetando sua saúde física e emocional, podendo, ainda, fazer com que o problema cresça de tal forma que será difícil lidar com ele.

Portanto, o segredo é olhar para a frustração da maneira correta. Como disse o ex-jogador de futebol americano Ralph Marston, *"é preciso ver sempre as possibilidades positivas. Redirecionar a energia substancial de sua frustração e a transformar em determinação positiva, eficaz e imparável"*.

Quando aceita a realidade do que está vivendo, aceita a frustração como um sentimento normal e provocativo para o seu crescimento e acredita na sua capacidade de realização, você se dispõe a agir novamente na direção dos seus objetivos. Assim, a frustração é substituída pela força da sua resiliência.

COMO LIDAR COM A FRUSTRAÇÃO

A frustração pode ser uma forma de disfarçar suas verdadeiras emoções, esconder o que você está realmente sentindo em determinada situação e não consegue expressar com clareza.

Por exemplo, uma dessas emoções pode ser a raiva, que costuma andar lado a lado com a frustração, sua companheira mais frequente. Uma boa maneira de superar esse sentimento de frustração é procurando conhecer e lidar melhor com a raiva que você estiver sentindo.

A. C. Drexel, escritor de diversos livros de sucesso na área de autoajuda, nos presenteou com a seguinte mensagem:

> O fato é que a raiva é desencadeadora de emoções. São emoções que você não consegue controlar. Portanto, a única maneira de avançar é deixar sair todos os sentimentos de frustração... É possível lidar com todas as suas emoções de uma forma positiva, em vez de deixar a raiva levar o melhor de você.

Aos olhos da psicologia, a frustração geralmente é a camada que acoberta um sentimento mais profundo, que pode ser de raiva, mas também de ansiedade, medo, tristeza, culpa ou vergonha.

Assim, o primeiro passo para você viver a experiência emocional envolvida em um episódio frustrante, de maneira saudável e até mesmo produtiva, é descobrir exatamente quais são as emoções por trás do sentimento de frustração que o assola. Essa descoberta está intimamente ligada à sua compreensão do que seriam as fontes das frustrações.

É fundamental aprender a lidar com a raiva e a frustração, porque elas podem matar seus sonhos, são capazes de transformar uma atitude positiva em negativa e têm o poder de roubar suas forças e deixá-lo sem ânimo ou motivação para seguir adiante na busca por seus objetivos. Assim, para assegurar o sucesso e alcançar os resultados que você deseja, é preciso aprender a disciplinar suas frustrações.

Muitas pessoas foram ensinadas, ainda quando crianças, a não expressar seus sentimentos, especialmente a não demonstrar sua frustração. Por isso, é tão comum a negação, a dificuldade em admitir e aceitar que estão frustradas, o que dificulta resolver a questão. Portanto, o primeiro passo para superar o sentimento de frustração é aceitá-lo, reconhecer que você está frustrado e procurar identificar as emoções, as causas e os fatos por trás dele.

Uma vez identificados, é possível trabalhar com eles por meio das mais diversas atividades, por exemplo, exercícios físicos. Trabalhar a frustração no nível físico ajuda a aliviar a tensão muscular e pode reduzir a inquietação e a irritação. Você pode, também, conversar com alguém em quem confia, pois isso ajuda a ter mais clareza sobre o que está sentindo. É possível falar em voz alta consigo mesmo; escrever sobre seus sentimentos; reconhecer coisas que precisa aceitar porque não pode mudar; e até mesmo fazer pequenas mudanças de atitudes que ajudem a reduzir sua raiva e frustração.

Outra atitude inteligente é se afastar de ambientes negativos. A influência do meio ambiente em que vivemos em nossos resultados e nossas emoções é algo muito duro e difícil de lidar. O mais terrível de uma vida em um ambiente nocivo não são as privações diárias ou as dificuldades a enfrentar; podemos simplesmente superar esses contratempos e seguir em frente. Contudo, conforme disse o palestrante Tony Robbins, *"o verdadeiro pesadelo que vivemos é o efeito que o ambiente tem nas nossas crenças e nos nossos sonhos. Se tudo o que vemos é fracasso e desespero, é muito difícil formarmos representações internas que favoreçam nosso sucesso"*.

AS FONTES DA FRUSTRAÇÃO

A frustração pode ocorrer a partir de diversas fontes, por exemplo:

- **Fatores externos:** os obstáculos do mundo exterior podem interferir no que planejamos, tornando difícil ou impossível atingir nossos objetivos. São fatores que não dependem da nossa vontade e, talvez, nem pudessem ser previstos, de modo que, quando acontecem, frustrem nossos planos. Sobre isso, o ator e roteirista canadense Ryan Reynolds disse: *"uma das maiores fontes de insegurança e frustração é nossa tendência a tentar mudar coisas sobre as quais não temos controle"*.
- **Fatores internos:** os obstáculos do nosso mundo interior, que podem ser divididos em diversas frentes, como as que listo a seguir.

- **Falta de preparo pessoal:** muitas vezes, traçamos objetivos e metas muito além do que está ao nosso alcance. Ou não temos preparo, ou nos falta a habilidade necessária, ou não dispomos dos recursos necessários para atingir o que planejamos. Isso pode tornar-se uma fonte de frustração, caso não saibamos lidar com a situação e nos cobremos muito além do que é possível realizar.
- **Conflitos pessoais:** nossa principal fonte de frustração geralmente é encontrada nos conflitos que temos de enfrentar no dia a dia. Costumamos dizer que a vida está cheia de conflitos, e as frustrações são decorrentes deles. Em geral, isso ocorre quando nossa motivação para realizar algo não é compatível com outros fatores, realidades ou interesses que temos na vida. Por exemplo, uma pessoa pode ter grandes aspirações quanto a cursar o ensino superior, mas sua realidade econômica inviabiliza a realização desse sonho.
- **Deixar de fazer o que é preciso:** a vida pode ser frustrante, também, quando não fazemos o que precisa ser feito. Podemos ter consciência de quais são os nossos problemas e, inclusive, saber o que fazer a respeito, mas ficamos paralisados, temendo os riscos de agir, pois consideramos que não temos a experiência necessária, ou o custo da ação é muito alto, ou é muito cedo, ou pensamos que pode não dar certo. Qual é o resultado disso? Não fazemos nada, e nada acontece. Tudo o que nos resta depois de algum tempo é a frustração por termos deixado o momento passar sem agir na direção que deveríamos.

PONTOS POSITIVOS DA FRUSTRAÇÃO

Se você tem vontade de evoluir, crescer, tornar-se uma pessoa melhor ou alcançar algo mais, enfim, progredir em alguma dimensão da vida, com certeza, vai deparar-se com a frustração no meio de sua jornada, e não como um impedimento, mas como um desafio para motivá-lo a dar o melhor de si. Conforme disse a ativista e escritora Marley Dias, "*a frustração é o combustível que pode levar ao desenvolvimento de uma ideia inovadora e útil*".

O interessante é perceber que quando uma expectativa sua é frustrada, ela pode, muitas vezes, despertar uma vontade de mudança e transformar-se em impulso para novas ações. Uma frustração pode ser transmutada em motivação. Sara Wellington, autora de livros de autoajuda e consultora motivacional, afirmou que "*o sentimento de frustração nos obriga a buscar inspiração*".

No fim das contas, a frustração serve para nos mostrar que, mesmo quando fazemos tudo o que está ao nosso alcance, as situações podem não nos favorecer; e os resultados, não ser como esperávamos. Ela serve para nos mostrar que nem tudo depende exclusivamente de nós, que não temos controle sobre muitas coisas e, portanto, precisamos aprender a lidar com as contrariedades e os desvios inevitáveis que surgem em nosso caminho, para podermos continuar em frente, rumo à realização dos nossos sonhos.

A frustração tem um efeito positivo no nosso desenvolvimento, pois promove determinação e resiliência, uma vez que, sempre que temos a oportunidade de experimentar algo e fracassamos, podemos aprender com os erros e fazer melhor da próxima vez. Além disso, ela nos desafia a continuar na busca por nossos objetivos, pois gera o sentimento de que "falta algo para chegar lá", uma espécie de fome de realização que não nos deixa ficar parados, estagnados e sem ação, e nos convida a tentar de novo e de novo.

O cineasta sueco Johan Renck vai mais longe ao afirmar: "*nunca fui uma pessoa frustrada porque aprendi desde muito jovem que a frustração que sentia dentro de mim tinha a ver com a criatividade e a capacidade de transformá-la em ação*".

A questão aqui gira em torno de uma decisão que é somente sua: você aceita a frustração como consequência exclusivamente negativa de um evento, que o prostra e vence seu empenho, ou decide passar por qualquer negatividade ou adversidade que o frustre e, mesmo assim, continuar na luta até chegar ao seu objetivo? Tudo depende da sua postura e da sua decisão para que continue na busca pelos resultados que deseja.

Em vez de ceder à frustração, você pode tirar vantagem dela. É possível usar o mal-estar provocado por um evento frustrante para gerar uma espécie de revolta com a situação e, então, energizar suas ações para que se tornem mais fortes e melhores, mais soltas e ousadas. Assim, pode conseguir virar a mesa, dar a volta por cima e transformar a frustração em ação positiva a favor de seus objetivos.

Sobre esse tema, o empresário norte-americano e magnata da mídia, Sumner Redstone, deixou o seguinte pensamento: *"o sucesso não se baseia no sucesso. Baseia-se no fracasso. Baseia-se na frustração. Às vezes, é construído sobre uma catástrofe"*. Portanto, use a frustração a favor do seu crescimento pessoal e profissional e como pedra fundamental para edificar o seu sucesso.

O IMPORTANTE É FOCAR O POSITIVO

"Quanto mais emoções positivas você sentir, mais feliz você será. Por outro lado, quanto mais você se entrega a emoções negativas, como raiva e frustração, mais infeliz você fica". Essas são palavras do pesquisador alemão Maximilian Weigand, que nos fala da importância de fortalecer as emoções positivas, ou seja, de voltarmos nosso foco ao que nos edifica e estimula boas emoções.

Tudo gira em torno da questão de decidir o que fazer diante de uma frustração. O ator Michael Stuhlbarg ilustrou esse fato quando afirmou que *"as coisas nunca acontecem como nós esperamos. Essa é a alegria e a frustração da vida"*.

Como o tempo é precioso, é imprescindível que aprendamos a nos disciplinar quanto às nossas frustrações e emoções negativas, de modo que possamos deixar de lado sua influência o mais rápido possível. Se no passado permanecíamos chateados com nossos fracassos por muito tempo, agora precisamos superá-los rapidamente, pois, no mundo dinâmico de hoje, o tempo é ouro, e não vale a pena gastá-lo com frustrações relativas a eventos já ocorridos.

Precisamos focar os nossos objetivos e ir atrás deles com fé, acreditando no sucesso, independentemente dos resultados que estamos obtendo. O escritor T. F. Hodge confirma essa visão, quando diz que *"para vencer a frustração, é preciso permanecer intensamente focado no resultado e não nos obstáculos"*.

É importante que você comece a dirigir seu cérebro, a fim de criar os estados mentais que o ajudem a atingir seus objetivos e viver a qualidade de vida que deseja e merece. Assim, você se tornará cada dia mais capaz de diminuir a frustração ou, pelo menos, de não permitir que ela paralise sua vida. Um passo importante nesse sentido é começar uma análise rápida da forma como se comporta, fazendo a si mesmo estas questões:

- Quando está em busca de um objetivo, você costuma construir uma imagem elevada e clara dele em sua mente?
- Quando fala consigo mesmo, você costuma usar um tom triste ou alegre na sua voz?
- Quando pensa nos sonhos que quer realizar, você imagina cenários maravilhosos e situações prazerosas?
- Quando visualiza mentalmente as realizações que você pretende concretizar, elas têm uma aparência real, colorida e atraente?
- Que tom de voz você usa quando fala consigo mesmo? É de confiança e motivação, ou existe nela alguma dúvida ou vacilo?
- Você sabe o que deve fazer para criar sensações de alegria e bem-estar no seu dia a dia?
- Sabe o que o deixa frustrado? Como você sente que pode resolver isso?

Esses são alguns dos pontos a que você deve prestar atenção e dedicar-se, fazendo com que produzam respostas positivas o suficiente para elevar sua energia e deixar seu estado mental mais direcionado para o sucesso e a felicidade. Também é fundamental que, ao se sentir frustrado, você tenha o cuidado de evitar as armadilhas que esse sentimento traz. Para tanto, existem algumas atitudes que convém muito adotar em momentos de frustração:

- Jamais fuja da situação que o levou à frustração. Assuma o resultado que você obteve e passe a ver o que pode tirar de proveito dessa lição.
- Em hipótese alguma tente compensar sua frustração com atividades ou comportamentos alternativos ou paliativos. A melhor forma de superar a frustração é enfrentá-la de maneira direta e objetiva.

- Nunca deixe que a frustração tome conta de sua vida, de modo que você fique totalmente sem poder de ação e se torne escravo desse sentimento.
- Jamais desista do seu objetivo apenas porque você se frustrou. Começar de novo pode ser a oportunidade de fazer ainda melhor desta vez.
- De modo algum ignore seus sentimentos. Aceite a frustração e observe com calma que sensações ela causa em você. Conheça bem o que sente, para que possa lidar com mais propriedade.
- Procure preparar-se para agir no futuro em situações semelhantes. Aprenda as lições que tiver de aprender e trabalhe suas emoções, para que você não sinta medo de se frustrar novamente.

Encarar as situações da vida de forma positiva costuma surtir efeitos surpreendentes. Portanto, ao transformar o modo de direcionar seus pensamentos, você pode provocar mudanças bastante significativas em sua vida em um período muito breve. Lembre-se de que você sempre pode deixar de lado a frustração e construir uma ponte bastante sólida para o sucesso e a felicidade.

Para completar nossa conversa sobre o poder e a eficácia do pensamento positivo, quero citar algo que o famoso palestrante e escritor Zig Ziglar costumava dizer: *"o pensamento positivo não nos permite fazer nada, mas nos permite fazer tudo melhor do que o pensamento negativo"*.

SOLUÇÕES PARA SUPERAR A FRUSTRAÇÃO

A frustração ocorre a qualquer momento, e precisamos estar prontos para lidar com ela se quisermos tornar nossos sonhos realidade. Devemos ter domínio sobre nossas frustrações, uma vez que, ao longo da vida, elas surgirão em diversos momentos e em decorrência das mais variadas situações, de maneiras mais ou menos intensas. Precisamos aprender a tê-la como companhia e fazer nosso melhor dentro dessa convivência.

A frustração é, em síntese, um processo criado por nossos pensamentos, com base em imagens mentais específicas, ou em interpretações que fazemos da realidade. É exatamente nesse ponto que se encontra uma das principais chaves para a criação da prosperidade e da felicidade: o fato de que nós podemos controlar nossa frustração, gerenciando melhor nossos pensamentos.

Algumas estratégias podem ser especialmente úteis nesse sentido e vão ajudá-lo a lidar com a frustração ou, pelo menos, minimizar sua interferência negativa no dia a dia.

- **Aceitar a realidade dos fatos.** Uma vez que existem coisas que não temos o poder de alterar, porque não dependem exclusivamente de nós, o que nos resta é aceitar com naturalidade o que temos na nossa frente e procurar ver as coisas de outra forma, atribuindo-lhes um novo significado, mais positivo, mudando, assim, a perspectiva a partir da qual encaramos os acontecimentos ou a situação em si.
- **Estar atento às suas expectativas.** É importante que você tenha consciência e clareza sobre o que espera dos outros, de si mesmo ou de uma situação. Você pode estar criando expectativas em demasia, que, talvez, não tenham a possibilidade de se concretizar. O melhor a fazer é não criar planos que tenham pouca probabilidade de acontecer.
- **Estabelecer objetivos realistas.** Complementando a ideia apresentada no parágrafo anterior, é fundamental que você procure traçar objetivos e planos consistentes e realistas para a sua vida. Não podemos fantasiar demais e apoiar nossas esperanças de realização em cima dessas fantasias.
- **Realizar atividades de que você gosta.** A frustração, em geral, acarreta tensão e ansiedade. Ao realizar atividades nas quais tenha prazer, você pode atenuar sentimentos e emoções negativos decorrentes de uma situação frustrante. Afinal, mesmo que o alcance do seu objetivo venha a ser frustrado, pelo menos você terá desfrutado do prazer da viagem feita.

- **Fazer uma lista de suas conquistas.** É bastante comum que tenhamos presentes em nossa mente mais fracassos do que vitórias e conquistas. Para melhorar sua energia, é interessante anotar em um papel uma lista de todas as suas vitórias e seus sucessos já alcançados, tanto pessoal quanto profissionalmente. Você deve listar todas as vitórias de que se lembrar, não importa se foram grandes, médias ou pequenas. Tenha consciência de que "uma vitória é sempre uma vitória", independentemente do tamanho, e deve ser comemorada e valorizada.
- **Ouvir a si mesmo.** Quando estamos frustrados, tendemos a sucumbir a pensamentos, sentimentos e comportamentos que podem agravar a situação em que nos encontramos. Portanto, é necessário compreender o que está acontecendo conosco, a fim de descobrir como lidar melhor com a frustração. Uma boa forma de ter mais clareza a respeito do que está passando-se em seus pensamentos e com suas emoções é fazer a si mesmo perguntas como: "o que me fez sentir assim?"; "o que eu esperava que acontecesse?"; "o que está ao meu alcance fazer nessa situação?". Quando sabemos como estamos sentindo-nos e quais foram as causas desses sentimentos, podemos perceber as melhores formas de lidar com a situação e, pelo menos, diminuir a frustração.

SER MAIOR DO QUE A FRUSTRAÇÃO

Não existe outra opção: se o sucesso e a felicidade são o que buscamos, temos de superar a frustração. Podemos até mesmo dizer que o sucesso e a vida plena só aparecem quando deixamos de lado a frustração – aqui, é preciso entender que "afastar a frustração" significa não deixar que ela seja maior do que o prazer das nossas conquistas e da nossa jornada rumo ao sucesso.

Um modo bem potente e positivo de pensar sobre isso é compreender que, quanto maior for a frustração, maior será o potencial de sucesso que se esconde atrás dela. Sempre que experimentamos um grande sucesso, com certeza, tivemos de enfrentar e dominar uma frustração de igual tamanho antes. É assim que acontece a realização de qualquer sonho em nossa vida. É uma luta constante em que a superação se faz necessária a cada passo, a cada batalha, na qual a resiliência está presente e nos mostra do que realmente somos feitos.

O segredo é você não se deixar deter pela frustração. Não permita que ela o atrapalhe a ponto de não alcançar suas metas. Não consinta que a frustração o impeça de tomar as medidas necessárias que o apoiarão na realização de seus objetivos e sonhos.

É necessário abrir caminho por meio da frustração, aprendendo com cada dificuldade, com cada obstáculo, e tornando tudo um aprendizado que o capacitará para se lançar ao próximo nível de suas conquistas. Dizem, nos meios motivacionais, que existem duas espécies de pessoas: as que controlaram suas frustrações e as que gostariam de tê-las controlado. Que pessoa é você?

PRÁTICAS PARA LIDAR COM A FRUSTRAÇÃO

Existem muitos caminhos, técnicas e atividades que nos ajudam a lidar melhor com a frustração. Relacionei alguns deles, de maneira simplificada, para que você possa colocá-los em prática rapidamente e facilitar o seu dia a dia.

Encontrar inspiração em situações da vida cotidiana. Muitas boas ideias vêm de frustrações pessoais. As situações cotidianas são ótimas para aprendermos a lidar com os reveses da vida e, assim, encontrar inspiração para seguir adiante, não importa qual seja a situação que você tenha que enfrentar ou esteja enfrentando.

Transformar a frustração em algo positivo. Fazer isso torna possível a criação de algo valioso e melhora seu trabalho e sua vida. Sua reação diante da frustração só diz respeito a você mesmo.

Fazer com que suas frustrações trabalhem a seu favor. Tatiana Pimenta, fundadora do site <vittude.com>, em seu artigo "Frustração: como e por que ficamos frustrados?", sugere que tenhamos atitudes que façam com que a frustração nos deixe mais fortes para superar os desafios de forma criativa. Ela diz que, vencendo os obstáculos possíveis, entendendo os erros do caminho e aceitando aqueles cuja solução não depende de nós, a frustração se torna um ponto de apoio e motivação para nosso sucesso. Seu conselho é que, quando você se sentir frustrado, lembre-se e aceite os seguintes pontos:

- O mundo não gira em torno dos seus desejos.
- Sua vida não é um roteiro fechado; sempre existe espaço para mudança.
- Você tem a força de ação necessária para fazer diferente.
- Todo erro é uma oportunidade de aprendizado.
- Nem tudo depende de você.
- Sempre é possível pedir ajuda.
- É importante ter expectativas realistas.
- Pensar o tempo todo no pior cenário não o levará para frente.
- A frustração pode ser um propulsor de ações positivas.

Não tenha receio de fracassar, nem de se frustrar. Não se preocupe em evitar esses resultados, porque, no fim das contas, eles sempre estarão presentes em sua vida, e você sempre terá de experimentar uma boa dose desses ingredientes até encontrar o equilíbrio necessário para ser bem-sucedido. Antes, trabalhe com afinco, considerando de maneira natural a possibilidade de fracassar e se frustrar.

Conforme uma ideia manifestada pelo cineasta sueco Johan Renck, a frustração deve ser canalizada para as coisas que queremos e podemos fazer. Então, precisamos seguir em frente, considerando, também, a possibilidade de eventuais derrotas; contudo, tenho plena consciência de que o sucesso é construído sobre o fracasso e a frustração.

CONVIVENDO COM O SENTIMENTO DE PERDA

O estudioso religioso hindu Dayananda Saraswati afirmou que *"na vida, a perda é inevitável. Todos sabem disso, mas no âmago da maioria das pessoas isso permanece sendo profundamente negado. É por isso que a perda é o desafio mais difícil que uma pessoa deve enfrentar como ser humano"*.

Uma das verdades mais enraizadas na mente do ser humano é que ninguém gosta de perder. Seja lá o que nos é tirado ou não conseguimos alcançar ou manter, isso nos obriga a lidar com o fim de algo que entendemos que "nos pertence", o que costuma ser desafiador e causar dor.

O interessante é que, na verdade, pela ótica do escritor Paulo Coelho, *"qualquer pessoa que perdeu algo que pensava ser seu para sempre finalmente percebe que nada realmente pertence a ela"*.

Realmente, falar de perda se torna algo bastante delicado – o ser humano não está preparado para isso. Lidar com o sentimento decorrente da perda de alguém que amamos, por exemplo, está entre as maiores dificuldades enfrentadas em nossa jornada pela vida. Pense por alguns instantes sobre isso. Com certeza, você já experimentou uma situação assim e sabe que lhe trouxe uma das dores mais pungentes que poderia experimentar.

Costuma ser bem difícil fazer a vida funcionar novamente depois que você perde alguém estimado. Além de todas as dificuldades práticas do dia a dia, que precisarão ser superadas com a ausência do ente querido, o sentimento de perda costuma ser avassalador e tirá-lo do seu centro, causando uma perda total de referenciais durante um longo tempo. Superar uma provação como essa exige grande resignação e resiliência.

A verdade é que, embora isso não nos agrade, sempre estaremos às voltas com perdas dos mais variados tipos: a morte de um ente querido, um relacionamento que chega ao fim, a demissão de um emprego, um evento que roube nossa saúde, uma situação que tire nossa liberdade etc. Nesses casos, é compreensível que você se lamente, fique pesaroso, perca a energia e, muitas vezes, até a vontade de viver.

O sentimento de perda traz um vazio e, invariavelmente, uma boa dose de dor e sensação de impotência. Quando sofremos algum tipo de perda, o choro e a tristeza fazem parte desse processo e quase sempre são inevitáveis, por isso não devem ser encarados como fraqueza ou motivo para inibição ou vergonha.

Contudo, quero dizer-lhe que, conforme o tempo vai passando, existem formas de transformar a dor e o vazio em aprendizado, e somos capazes de encontrar um novo caminho e seguir em frente. Posso dizer-lhe que todo sentimento de perda se transforma em crescimento, embora, com frequência, quando estamos atravessando momentos de sofrimento intenso, achemos que isso será impossível. Não é. Assim é a vida, e precisamos seguir em frente – por nós mesmos e por todos que são queridos por nós – e renascer mais fortes depois de cada perda que vivemos.

ACOLHENDO O SENTIMENTO DE PERDA

Nossa jornada é repleta de chegadas e partidas, perdas e ganhos, tanto de pessoas quanto de recursos e bens materiais; portanto, experimentamos o sentimento de perda com bastante frequência. A romancista norte-americana Katharine Weber afirmou que *"a vida às vezes parece ser apenas uma série de perdas, do começo ao fim... E a maneira como reage a essas perdas é a parte que você mesmo tem que resolver no seu caminho"*. A verdade é que perder faz parte do processo de amadurecer.

Sem dúvida, a dor da perda é algo de que não temos como fugir, porém cada indivíduo tem sua forma de lidar com isso. Algumas pessoas levam sua dor ao máximo, sofrem de modo especialmente pungente por um período curto e, então, encerram esse processo individual e voltam para a vida, levando os aprendizados que tiveram com a dura experiência pela qual passaram.

Já outras pessoas tentam sufocar o que sentem, não deixando transparecer seus sentimentos e suas emoções – e são as que mais sofrem e tendem a enfrentar problemas de saúde e desequilíbrio mental e/ou emocional no futuro. Também é, em geral, nesses casos que a dor do sentimento de perda se torna mais persistente e com maior duração.

O importante é compreender que, qualquer que seja a perda que sofremos, isso não significa necessariamente que é o fim de tudo, ou mesmo que nossa vida simplesmente acabou. Por mais doloroso que seja vivenciar perdas, precisamos ter claro em nossa mente que é possível superá-las, viver a tristeza decorrente delas tanto quanto necessário e, depois, voltar a assumir as rédeas de nosso caminho.

É PRECISO ACEITAR O INEVITÁVEL

O escritor japonês Haruki Murakami afirmou que *"cada um de nós está sempre perdendo algo precioso. Oportunidades perdidas, possibilidades perdidas, sentimentos que nunca poderemos recuperar. Isso é parte do que significa estar vivo"*.

Quando paramos para pensar no inevitável, é possível perceber que nossa vida foi, muitas vezes, moldada por eventos que estavam além do nosso controle. Por isso, nós não poderíamos ter feito coisa alguma. Os árabes costumam chamar essa situação de *Maktub Kismet*, que, em uma tradução livre, significaria algo como "a vontade de Alá".

Os árabes não costumam reclamar do que lhes acontece, simplesmente o aceitam e dizem *"maktub!"*, "está escrito". Eles seguem em frente a partir do que têm em mãos, não importa o que lhes tenha ocorrido, sem se lamentar pelas perdas, olhando para o lado positivo a fim de recomeçar a partir daquele ponto. Para eles, é preciso aceitar o inevitável e seguir em frente: não adianta lutar contra o que não podemos mudar, nem reclamar do que aconteceu e já está feito.

É necessário resignar-se genuinamente e ser confiante diante do inevitável, para que você seja capaz de lidar melhor com seus sentimentos e, então, volte a atuar de forma decisiva em prol dos seus planos e objetivos. Quando eventos contrários ao que deseja acontecerem em sua vida e você perceber que definitivamente não há nada que possa fazer quanto a isso, o segredo é, dentro de seu tempo, aceitar o inevitável. Então, depois que a tempestade tiver passado, avaliar o que sobrou de positivo dessa situação e seguir em frente. Como afirmou o ex-campeão peso-galo do UFC, Dominick Cruz, *"a perda faz parte da vida. Se você não tem perda, não cresce"*.

Assim, aceite o inevitável e siga em frente. *Maktub*!

A NECESSIDADE DE VIVER O LUTO PELAS SUAS PERDAS

Não resta dúvida de que o sentimento de perda, assim como quaisquer outros, por ser algo natural e parte da nossa experiência de vida, ajuda-nos a crescer como ser humano. Da mesma forma, o luto é uma resposta normal, embora muito difícil, ao nosso sentimento de perda. É um sofrimento emocional que experimentamos quando alguém que amamos vai embora ou é levado do nosso convívio e quando perdemos algo que é importante e valioso.

Segundo a definição dada pela psicóloga Ana Maria Dall'Agnese, em seu artigo "O que é o luto?", *"chamamos de luto a um estado emocional específico, que se inicia pela ameaça ou rompimento de um vínculo de amor e se caracteriza como um período de enfrentamento da dor da perda"*.

É mais comum associarmos a palavra e o processo do luto à morte de alguém que amamos, pois se trata de uma situação definitiva de dor extrema que podemos enfrentar. No entanto, o processo de luto se dá, também, por outros motivos, como uma separação, a perda de um animal de estimação, o diagnóstico de uma doença, a perda de um emprego do qual gostamos ou uma falência financeira, entre tantos outros eventos.

Neste texto, uso a palavra luto sempre associada a uma ideia de perda, sem me preocupar em classificar a intensidade do sofrimento implicado. Apenas peço que você tenha em mente que o luto é um processo natural, que deve acontecer após uma perda significativa em nossa vida, a fim de que possamos restabelecer nosso equilíbrio emocional.

É importante compreender que as perdas que sofremos não devem ser encaradas como um mal. Elas fazem parte de um processo de harmonização da natureza, essencial para que haja a possibilidade de evolução para nós mesmos e para todos.

Já o tempo que levaremos lamentando-nos e a intensidade da dor que sentimos dependem de como estamos preparados para lidar com isso, das circunstâncias que envolvem a perda e de nossa relação ou dependência da pessoa ou do projeto, emprego ou patrimônio perdido. A forma como demonstramos tais sentimentos e emoções está intimamente ligada ao nosso grau evolutivo. O embasamento cultural, espiritual e intelectual é de suma importância para definir a maneira como expressamos a angústia que sentimos.

Quanto mais significativa for a perda, mais intensas serão nossas emoções, e o luto surge como um processo para nos ajudar a recuperar o equilíbrio perdido e reacender a esperança de dias melhores. Segundo a escritora e jornalista Anne Roiphe, "*o luto divide-se em duas partes. A primeira é a perda. A segunda é a reconstrução da vida*".

Vivenciar o luto é algo muito particular para cada pessoa. É uma experiência que depende de muitos fatores, os quais incluem a personalidade, a experiência de vida e quão significativa foi a perda.

Podemos afirmar que é comum a todos nós que, para conseguirmos sublimar uma experiência de perda, devemos viver o luto inteiramente. Precisamos passar por ele sem nos sentirmos envergonhados pelo sofrimento, aceitando e acolhendo a dor que se manifesta e acreditando que tudo isso vai passar, na esperança de que dias melhores virão.

Em 1969, a psiquiatra suíço-americana Elisabeth Kübler-Ross escreveu, em seu livro *On death and dying*, que o luto pode ser dividido em cinco estágios. Suas observações vieram de anos de trabalho com indivíduos com doenças terminais, e sua teoria ficou conhecida como modelo de Kübler-Ross.

Embora tenham sido originalmente elaborados para indivíduos que estavam doentes, esses estágios do luto foram adaptados para outras experiências de perda. Assim, o modelo de Kübler-Ross tem ajudado milhões de pessoas a compreender e aceitar melhor todos os sentimentos advindos de momentos de perda significativa, seja pela morte de entes queridos ou por perdas menos avassaladoras que fazem parte do dia a dia. Vale lembrar que nem todo mundo passará pelos cinco estágios e que, como o luto é diferente para cada pessoa, nem todas vão vivenciá-los com a mesma intensidade ou na mesma ordem em que são apresentados a seguir.

- **Negação.** Ao viver o luto, a negação costuma ser um mecanismo de defesa bastante comum, que ajuda a anestesiar a dor diante da perda sofrida. Negá-la temporariamente nos dá tempo de absorver, de modo gradual, a notícia e começar a processá-la.
- **Raiva.** A raiva esconde muitas emoções e dores que carregamos. Ela tem um efeito de mascarar o que estamos sentindo, que serve para extravasar, de certa forma, sentimentos que não conseguimos suportar. Essa raiva pode ser redirecionada para outras pessoas ou mesmo para objetos inanimados. Embora nosso cérebro racional saiba que o objeto de nossa raiva não é o culpado pela perda, nossos sentimentos nesse momento são muito intensos para perceber isso de modo claro e objetivo.
- **Negociação.** Durante o luto, podemos nos sentir vulneráveis e desamparados. Nesse momento de emoções intensas, é comum procurarmos maneiras de recuperar o controle ou querermos nos sentir capazes de influenciar o resultado de um evento.

No estágio de negociação do luto, podemos acabar formulando afirmações do tipo "e se" e "se ao menos", algo comum após uma perda, e repassar os eventos várias vezes em nossa mente, perguntando-nos se havia algo que poderíamos ter feito diferente ou se, de alguma forma, a perda poderia ter sido evitada. A fase de negociação anda de mãos dadas com a culpa, e lidar com isso pode ser o aspecto mais difícil do luto para a maioria das pessoas.

- **Depressão.** Enquanto a raiva e a negociação podem parecer muito "ativas", a depressão pode aparentar ser um estágio "tranquilo" do luto. É o estágio em que mais nos identificamos com a perda. Entretanto, por mais dolorosa que a depressão possa ser, é uma indicação de que estamos experimentando a perda no momento presente e de maneira mais intensa do que nos estágios anteriores. Embora ninguém queira permanecer no estágio da depressão por muito tempo, se formos capazes de vivenciar a tristeza com intensidade, significa que já teve início o processo de aceitação da perda. Nessa fase, não há mais negação, não estamos mais negociando com a situação, nem estamos presos à nossa raiva.
- **Aceitação.** Este não é, necessariamente, um estágio edificante do luto, nem significa que já superamos a dor da perda. No entanto, revela que aceitamos e entendemos o que isso significa em nossa vida.

É importante entender que pode levar anos para chegar a um ponto de aceitação quanto, por exemplo, à perda de alguém que amamos. Então, precisamos dar a nós mesmos o tempo que for necessário para que isso aconteça, lembrando que aceitar uma perda, especialmente uma grande, não simboliza justificar a situação ou tornar tudo menos significativo ou doloroso. Estaremos simplesmente aceitando isso como a realidade de algo que não podemos mudar. É claro que nunca nos esqueceremos de uma pessoa amada que perdemos; e essa dor, esse sentimento de perda, sempre estará lá. Contudo, na aceitação, aprendemos a nos ajustar à nova realidade, de modo a continuarmos seguindo em frente, encontrando maneiras de seguir vivendo, apesar de tudo.

David Kessler, especialista em processos de perdas, fala sobre um sexto estágio do luto, chamado de "O significado". Após a aceitação, afirma Kessler, encontraremos sentido nos eventos difíceis de compreender e seremos mais fortes para seguir em frente, entender e lidar com nossas próximas perdas.

Inevitavelmente, a superação do luto demanda tempo, e a cura vem de forma gradual, não pode ser forçada, nem apressada – logo, não existe um cronograma "normal" para o processo de luto acontecer completamente. Algumas pessoas começam a se sentir melhor em semanas ou meses. Para outras, o processo é medido em anos. De qualquer modo, vale ter em mente que, seja qual for a sua experiência de luto, é importante ser paciente consigo mesmo e permitir que o processo se desenrole naturalmente.

SENTIMENTO DE PERDA É DIFERENTE DE DERROTA

Um tipo de perda bastante frequente na nossa vida tem a ver com fracassar em algo que almejamos, que temos planos de realizar. Nesses casos, o que importa mesmo é não deixar que tais perdas e eventuais fracassos se transformem em derrotas. Para tanto, não devemos nos deixar abater em hipótese alguma, nem permitir que a sensação de perda faça com que nos sintamos derrotados.

É imprescindível compreender que tanto a derrota quanto a vitória dependem de você. Está em suas mãos tomar a decisão sobre o que fará com seus eventuais fracassos, de modo a não deixar que se tornem sentimento de perda e que você tenha de carregá-los.

Entenda que perder nem sempre é ser derrotado e que a pior derrota é a de quem desanima, pois o desânimo tem o poder de paralisar a sua vida e anular os seus planos. Quem segue em frente, mesmo depois de sofrer muitos reveses, aprende com a experiência e, assim, constrói um sucesso mais sólido e duradouro. Afinal, como disse Bill Gates, "*é ótimo celebrar o sucesso, mas mais importante ainda é assimilar as lições trazidas pelos erros que cometemos*".

O que conta mesmo é como você constrói o seu poder de transformar menos em mais, de transmutar o negativo em positivo, de tirar algo de bom de cada situação que se apresenta, mesmo que, inicialmente, ela represente uma perda. O mais importante é aprender a lucrar a partir das perdas, pois isso irá diferenciá-lo da maioria, que apenas se lamenta das perdas.

Diante de uma derrota, ou de um fato traumático em sua vida, não desanime jamais. Mesmo diante de um forte sentimento de perda, é preciso acreditar na existência de uma luz que o guia rumo a dias melhores e à realização do seu verdadeiro propósito de vida. No final, a vitória sempre sorri para aqueles que não param no meio da estrada. O grande Ayrton Senna não cansava de repetir: *"forte é quem, depois de tanto perder, reergue-se e segue lutando"*.

PARA SUPERAR O SENTIMENTO DE PERDA

Não podemos permitir que a dor da perda nos impossibilite, impeça-nos de continuar a viver e de cumprir nossa jornada. Precisamos aprender algumas maneiras saudáveis de enfrentar esse sofrimento e conviver com ele, enquanto for necessário.

Um primeiro ponto a considerar diz respeito à maneira como encaramos as nossas perdas, como reagimos a elas. Esse tema está claramente exemplificado na frase do dramaturgo Walter Anderson:

> Coisas ruins acontecem; como eu reajo a elas define meu caráter e a qualidade de minha vida. Posso escolher ficar sentado em uma tristeza perpétua, imobilizado pela gravidade de minha perda, ou posso escolher me levantar da dor e valorizar o presente mais precioso que tenho: a própria vida.

Para superar um sentimento de perda, você precisa, antes de mais nada, elevar o seu nível de energia. A aceitação da perda e a positivação dos seus pensamentos são dois fatores fundamentais para que isso aconteça. Alguns pontos que podem ajudar a retomar a vida após algum tipo de perda estão relacionados a seguir.

- **Reconhecer a sua dor.** O primeiro passo para resolver qualquer problema é reconhecer que ele existe. Admita que você está sofrendo, reconheça a sua dor: isso é fundamental para que possa lidar com ela.

- **Aceitar que a perda pode desencadear muitas emoções diferentes e inesperadas.** Com a sensação de perda, também vêm a frustração, o vazio e a tristeza, entre outras emoções que afloram sem controle. Observar suas emoções e procurar vivê-las com naturalidade é uma das formas de dar vazão à dor de uma perda.
- **Viver o luto inteiramente.** Uma das coisas mais importantes para lidar com o sentimento de perda é permitir-se viver sua dor. Evite fugir do que está sentindo. É fundamental pensar sobre o que aconteceu, aceitar o fato com realismo e sofrer, extravasar suas emoções, chorar se sentir vontade e, assim, atenuar a dor. O luto é uma fase da perda que precisa ser vivida completamente. Apenas assim você se preparará para superar o que aconteceu e seguir em frente.
- **Colocar razão na emoção.** É preciso desenvolver um pensamento mais prático quanto à sua perda, por mais difícil que isso possa parecer. Você deve, também, estar consciente das lições que isso lhe trouxe e das que ainda vai trazer.

Viva intensamente seus sentimentos, porém, depois de algum tempo, chegará o momento de voltar seu foco à realidade que você tem em mãos. Reconhecer todas as faces de uma perda é necessário para continuar a viver bem, mesmo após uma experiência dolorosa.

- **Procurar o apoio de pessoas que se importam com você.** Um comportamento bastante comum quando estamos tristes é buscarmos nos fechar, isolando-nos do mundo. Contudo, guardar tudo o que estamos sentindo para nós mesmos pode provocar mais angústia e sofrimento. Além disso, se permanecermos sozinhos, estaremos vulneráveis, e nossa avaliação da realidade pode ficar comprometida.

Para não correr o risco de sucumbir ao pessimismo ou cair em uma tristeza profunda, é fundamental conversar com pessoas que lhe querem bem, desabafar e expressar sua dor, porque ajuda a aliviar a tensão e a elaborar e compreender seus sentimentos. Essa é uma parte crucial do processo de superação de uma perda. O simples fato de verbalizar sua dor já tira grande parte de sua força.

- **Interessar-se pelo bem-estar dos outros.** Quando consideramos as dificuldades de pessoas próximas a nós, que são realmente queridas, com a intenção de ajudá-las, nossas dores e nossos problemas parecem diminuir. Quando nos concentramos em ajudar alguém genuinamente, a angústia por nossas perdas sai temporariamente do foco.
- **Praticar a gratidão.** Precisamos aprender a enxergar as coisas que acontecem em nossa vida com gratidão – e ser gratos até pelas que consideramos ruins. Afinal, com o tempo, iremos perceber que elas sempre nos trazem algo de bom. É claro que não é algo tão simples de fazer, principalmente quando estamos tomados pela dor ocasionada por uma perda, contudo, qualquer movimento nessa direção, por menor que seja, já trará uma melhora substancial em seus sentimentos e na forma como você enxerga o futuro a partir dessa situação.
- **Praticar atividades que lhe deem prazer.** Dedique tempo e energia a alguma atividade que seja prazerosa, ocupe sua mente e evite pensamentos de angústia. Quando você se dedica a fazer algo de que gosta, distrai seus pensamentos e melhora sua energia. Desse modo, passa a pensar menos na perda e, consequentemente, atenua o sofrimento.

  Permita-se viver momentos agradáveis. Sem dúvida, é importante viver o seu luto e a sua dor como eles se apresentam, mas isso não significa que você deva furtar-se a viver momentos de alegria. Tristeza e alegria, dor e prazer se alternam no dia a dia e fazem parte da existência. É assim mesmo que tem de ser, para que tenhamos a chance de nos refazer após cada perda, cada erro, cada decepção.
- **Escrever um diário.** O sentimento de perda provoca, com frequência, o distanciamento social – por vontade própria, quando a pessoa decide isolar-se, ou por uma imposição externa, advinda

da perda sofrida –, e isso dificulta as oportunidades de conexão e pode tornar o luto mais prolongado. Em muitos desses casos, todos os pensamentos da pessoa estarão relacionados à perda, e, em geral, ela não será capaz de realizar nem mesmo suas atividades rotineiras.

Nessa situação, é recomendável escrever um diário, pois isso o ajudará bastante a passar por esse processo. Aos poucos, escrevendo e tendo consciência do que está acontecendo consigo mesmo, será possível procurar o apoio de amigos e familiares, ou mesmo de um profissional de saúde mental, quebrar o isolamento e resgatar a autoconfiança.

A VIDA CONTINUA

A verdade é que a vida continua, não importa qual tenha sido a sua perda. Enquanto estivermos vivos, há muito a fazer, muito a realizar, muito a desfrutar. É claro que uma perda, uma derrota ou um fracasso nos abala e, muitas vezes, nos faz colocar em xeque tudo em que acreditamos e valorizamos. Contudo, a vida não para após uma perda, por mais significativa que seja, e precisamos nos recompor para seguir em frente, acreditando que ainda podemos, sim, ser felizes.

Elisabeth Kübler-Ross afirmou: *"as pessoas mais bonitas que conhecemos são aquelas que conheceram o sofrimento, conheceram a derrota, conheceram a perda e encontraram seu caminho para fora das profundezas"*. Esta é nossa lição: sair do luto depois de uma perda, mais fortalecidos e dispostos a ser felizes, porque aprendemos com a dor e a perda que o que realmente importa é seguirmos em frente, vivendo com alegria cada novo dia.

Com o tempo, buscando e utilizando os recursos corretos, a dor da perda gradativamente dará lugar a sentimentos de aceitação e compreensão, e logo apenas as boas lembranças terão lugar em nosso coração e nos confortarão.

Terminado o período de luto e, muitas vezes, ainda durante essa fase, precisamos nos questionar sobre o que faremos a partir dali, do momento em que temos diante de nós uma nova realidade para viver. Por mais que o passado seja útil para o nosso aprendizado, devemos nos voltar sempre para o presente, visando a um futuro ainda mais promissor e deixando o passado como algo a ser lembrado, para o qual não devemos direcionar nossa energia. Como afirmou o escritor canadense William P. Young, *"o passado é um lugar bonito para se visitar de vez em quando. Não para morar"*.

Devemos usar nossas experiências passadas como referencial na hora de adotar atitudes positivas e esperançosas e trabalhar no presente, olhando sempre para frente. As vivências que a perda nos proporciona são poderosas e capazes de promover mudanças significativas em nossa maneira de enxergar o mundo e na forma como nos relacionamos com ele, o que abre portas para a construção de um futuro mais feliz.

Uma perda sempre traz a necessidade de nos adaptarmos para continuar a viver, agora de um modo diferente. Portanto, é importante que estejamos abertos a novas descobertas, para que nos permitamos encontrar novas possibilidades de ser feliz e continuar acreditando que tudo vai melhorar.

Procure ver o que ficou de bom em sua vida, mesmo depois da perda vivida, para que você possa superar as dores e os sentimentos que ficaram dessa experiência dolorosa. Aproveite a oportunidade para refletir sobre os acontecimentos e a forma como você reage a eles. Olhe para si mesmo, reflita sobre o que você valoriza, suas prioridades e o modo como encara a vida e se questione sobre o que pode ser mudado.

Uma das grandes saídas para superar a dor da perda é procurar manter o foco no que ainda temos de bom na vida e agradecer por tudo. Afinal, a vida nos oferece muitas possibilidades para sermos felizes. É fundamental entender que ela continua, apesar das perdas que sofremos. A psicopedagoga Ana Macarini, em seu artigo "Toda sensação de perda tem origem numa falsa sensação de posse", brindou-nos com algumas palavras que ilustram lindamente de que modo devemos lidar com o sentimento de perda. Ela escreveu:

> A posse de qualquer coisa é uma ilusão... As coisas que supostamente temos, e que muitas vezes foram conquistadas com grande

esforço, são finitas, perecíveis... o que temos de fato, no fim das coisas, é que perseguir com toda a obstinação um jeito de viver com mais leveza. Temos de aprender a amar sem possuir. Temos de aprender a voar sem pista certa de pouso. Temos de aprender a buscar essa tal felicidade em momentos inteiros, junto daqueles que nos tocam a alma. Temos de ter fogo aqui dentro, para que as inevitáveis perdas não sejam capazes de nos apagar.

Pois, então, que assim seja!

PRÁTICAS PARA LIDAR COM O SENTIMENTO DE PERDA

Existem muitos caminhos, técnicas e atividades que nos ajudam a lidar melhor com o sentimento de perda. Relacionei alguns deles a seguir, de maneira simplificada, para que você possa colocá-los em prática rapidamente e facilitar o seu dia a dia.

Buscar o conforto de quem o ama. Procure ficar perto das pessoas que se importam com você. No período após uma perda, é importante passar tempo com seus entes queridos. Peça e aceite ajuda dessas pessoas, em vez de tentar mostrar-se forte e senhor da situação.

Entender a dificuldade das pessoas. Aceite que muitas delas se sentem constrangidas ao tentar consolar alguém que está sofrendo por uma perda. Por isso, se um amigo ou um ente querido se aproxima de você e não diz nada, compreenda e aceite a solidariedade que ele lhe traz.

Encontrar conforto em sua fé. Atividades espirituais são significativas para ajudar a superar uma perda. Ore, medite, vá à igreja, caso se sinta bem assim. Conecte-se com o poder maior que nos ampara e poderá obter consolo para seus sofrimentos.

Juntar-se a um grupo de apoio. Depois de uma perda, é comum que a pessoa se sinta muito solitária, mesmo quando tem entes queridos por perto. Compartilhar seu pesar com outras pessoas que sofreram perdas semelhantes pode ajudá-la muito a suportar e superar a dor. Essa é a função principal dos grupos de apoio. Junte-se a um deles e, com certeza, você encontrará melhores condições para se reerguer emocionalmente.

Falar com um terapeuta. Procure um profissional especializado e mesmo um conselheiro espiritual. Busque profissionais especializados no tratamento da dor da perda. Um terapeuta ou mesmo um médico experiente pode ajudá-lo a trabalhar emoções intensas e superar os obstáculos que o impedem de voltar a viver feliz.

Preste sempre muita atenção à maneira como você lida com o sentimento de perda. Quanto à perda em si, nada podemos fazer, porque já ocorreu e não tem volta. Contudo, você pode escolher a forma como vai lidar com as emoções que vêm a partir disso. Se você sofrerá mais ou menos, dependerá de sua decisão.

Posicione-se de modo que, depois de vividas todas as emoções necessárias, você possa seguir adiante e voltar a ser feliz, mesmo depois de uma perda significativa e de tudo que mudou em sua vida.

No final das contas, vale lembrar aqui uma frase do escritor Dean Koontz: *"a dor da perda ensina humildade e tem o poder de abrandar corações indiferentes; consegue fazer uma pessoa melhor de uma pessoa boa"*.

SUPERANDO O SENTIMENTO DE TRISTEZA

A tristeza é um sentimento passageiro, que incomoda e tira o nosso foco, mas que não costuma causar sofrimentos extremos. Salvo em casos em que se torna tão complicada que pode levar a um quadro de depressão. Mas vou falar sobre depressão em um próximo capítulo, com a devida atenção que o tema merece.

Neste momento, quero colocar em foco a tristeza cotidiana, ligada a eventos internos da própria pessoa e de sua forma de pensar, ou proveniente de eventos externos que causem pressão emocional no indivíduo.

Vivemos momentos delicados ao longo da nossa jornada pela vida, com incontáveis desafios e, muitas vezes, perdas, tanto materiais quanto de pessoas que são importantes para nós. Viver é navegar por mares na maioria das vezes agitados, revoltos.

Assim, é inevitável que você se sinta, às vezes, um tanto desanimado, desesperançado e até mesmo muito triste. A tristeza é uma emoção dolorosa que, sem dúvida, como toda dor, desejamos evitar. Algumas vezes procuramos até mesmo negá-la, pelo menos enquanto sentimos que não temos as condições e o equilíbrio necessários para lidar com ela.

Para nosso consolo, a verdade é que a tristeza não é só uma emoção ruim, que existe apenas para nos atormentar, mas também um referencial para que possamos apreciar melhor nossos momentos felizes. Pois bem, esta é a ideia: se não fossem os episódios de tristeza, que graça teriam nossos momentos de alegria?

Como disse o guru indiano Osho:

> *A felicidade é um polo, a tristeza é outro. A bem-aventurança é um polo, a miséria é outro. A vida consiste em ambos e ela é mais rica por causa disso. Uma vida apenas de bem-aventurança terá extensão, mas não terá profundidade. Uma vida só de tristeza terá profundidade, mas não terá extensão.*

É claro que quando existe uma perda ou um contratempo em nossa vida, são compreensíveis as lamentações e a tristeza durante algum tempo, pois isso faz parte dos nossos processos psicológicos de adaptação e reajuste a essas perdas. Entretanto, insistir em ficar remoendo pensamentos e sentimentos tristes dificulta a superação da tristeza, além de poder levar a complicações emocionais que afetarão diretamente a nossa qualidade de vida.

Por mais difíceis e dolorosas que sejam as situações que o levem a se sentir triste, é preciso compreender que cabe somente a você se levantar, curar as suas feridas, reconstruir o seu caminho e retomar a sua história. Aproveite a experiência da queda ou da perda como material rico para o seu aprendizado e a sua evolução.

É importante, também, lembrar que não há problema em se sentir triste, irritado e confuso. Tudo isso faz parte das emoções humanas, portanto, são sentimentos naturais e úteis à nossa vivência. O que você precisa é estar atento para encontrar maneiras de lidar bem com eles. Tenha consciência de que potencializar negativamente essas emoções pode ser muito prejudicial à sua saúde mental e física, enquanto trabalhá-las com positividade e bom ânimo eleva a sua alma e gera crescimento.

Para harmonizar, um pouco que seja, esse sentimento de tristeza que o toma muitas vezes, é preciso procurar expandir seu modo de pensar e de olhar para ele. Como disse a monja budista Pema Chödrön, *"um genuíno coração de tristeza pode nos ensinar grande compaixão. Pode nos tornar humildes quando somos arrogantes e nos suavizar quando somos rudes"*.

Portanto, apoie-se na certeza de que, por mais difícil que a situação seja, ela vai passar, porque nada é eterno, tudo passa. E a tristeza também vai passar! Como diz um ditado popular, "O tempo é um santo remédio, que tudo cura". Nenhuma causa de tristeza dura para sempre, nem nós podemos sustentar essa emoção indefinidamente – nosso sistema de proteção da saúde emocional tende a nos conduzir naturalmente para caminhos melhores.

É necessário dar tempo ao tempo, ter paciência para que o seu corpo-mente-espírito possa elaborar novos ajustes que despertem a força de que precisa para se recompor da privação e da tristeza, promovidas pela perda de algo significativo.

Contudo, viva totalmente sua tristeza enquanto ela está presente, pelo tempo e com a intensidade que forem necessários. Viver esse momento, aceitar passar por essa emoção de forma consciente, possibilita-lhe seguir em frente fortalecido, pois seu coração deixa para trás o pesar, na medida em que for permitindo-se expressar suas emoções adequadamente. Francisco E. S. Neto, em seu livro *As dores da alma*, escreveu: *"não devemos reter nossas lágrimas. São elas nossas energias emocionais que se materializam e precisam ser expressas"*.

Chorar ajuda a administrar nosso estresse e a trazer nosso corpo de volta ao equilíbrio. Cada vez que mergulhamos em nossa tristeza e a vivemos intensamente e por completo, nossas lágrimas purificam nossos sentimentos, libertam nosso espírito e clareiam nossos pensamentos, trazendo mais aprendizado, compreensão, compaixão para conosco e para com os outros. Cada vez que ignoramos esse sentimento, cada vez que fugimos da tristeza, afugentamos também a felicidade.

Contudo, que fique claro que viver a tristeza totalmente não significa carregá-la conosco eternamente; que não nos prendamos a uma condição de dor eterna. É claro que a gente nunca esquece uma perda sofrida, em especial se estiver relacionada a alguém querido que partiu, porém a vida deve continuar, e precisamos cuidar para que a tristeza que sentimos nos ajude a ficar mais fortes, preparando-nos para um novo começo, que com certeza virá.

A TRISTEZA NOS AJUDA A CRESCER

O escritor Alain de Botton afirmou que *"uma boa vida não é aquela imune à tristeza, mas aquela em que o sofrimento contribui para o nosso desenvolvimento"*. Sem dúvida, a tristeza também é um chamado para que você passe a olhar para dentro de si mesmo e ouça com os ouvidos da alma o que a sua essência tem a dizer. Muitos dos nossos aprendizados começam quando um processo de tristeza se instala em nossa mente.

Uma das funções da tristeza é propiciar um ajustamento íntimo, um rearranjo emocional, para que possamos voltar a planejar uma nova etapa em nossa vida e recomeçar nossa caminhada, depois de uma perda sofrida. Portanto, não devemos encarar a tristeza como uma dor gratuita ou algum tipo de insanidade. Aprenda a encará-la como parte de um período de purificação e preparação, um tempo de crescimento, um convite da vida ao amadurecimento. Uma experimentação vital para que você possa fazer um trabalho de autoconsciência, redescobrindo seus valores e avaliando sua essência interior.

O sofrimento e a tristeza o colocam de frente com questões que podem levar a respostas seguras sobre seus caminhos na jornada da vida. Existe uma crença bastante comum que diz que "aprendemos as coisas na vida de duas maneiras: pelo amor, ou pela dor". Em maior parte das vezes, infelizmente, não seguimos o caminho do amor. É então que a tristeza assume seu papel mais importante: chamar nossa atenção para o que deve ser aprendido.

PRÁTICAS PARA SUPERAR A TRISTEZA

Quando a tristeza chega, existem algumas atitudes que você pode tomar para ajudar a passar com mais leveza por esses tempos difíceis. Relacionei algumas delas, de maneira simplificada, para que você possa usar como material de apoio emocional quando a tristeza surgir.

- **Reconhecer e aceitar sua tristeza.** Reconhecer que você está triste e aceitar essa tristeza é parte do processo de cura de suas emoções. Afinal, não é possível acertar um alvo que você não admite existir.
- **Procurar compreender as causas da sua tristeza.** Quando você compreende o que provoca sua tristeza e suas aflições, fica mais simples lidar com suas emoções. Se as causas puderem ser resolvidas, mantenha a calma e foque o que você pode fazer para promover a solução. Se as causas não tiverem solução, mantenha a calma, porém aceite o que você não pode mudar e foque como administrar seus sentimentos, de modo a positivá-los e, então, seguir em frente.
- **Focar suas qualidades.** Em geral, quando a tristeza nos envolve, costumamos nos fechar em sentimentos negativos e de autodesvalorização, o que dificulta muito passar por essa fase emocional. O melhor é procurar focar suas qualidades, destacar as habilidades que você tem, valorizar as coisas das quais se orgulha. Valorize o que você tem de melhor, para criar uma energia emocional que o ajude a passar pela tristeza e sair dela mais forte.

É claro que, muitas vezes, quando nos sentimos tristes, não temos muita energia para pensar no que somos bons. Existe na tristeza uma certa resistência, que tende a nos forçar a ficar presos a ela. Portanto, um dos recursos que você pode adotar é manter uma lista escrita de todas as suas qualidades, do que você gosta e valoriza em si mesmo. Adquira o hábito de, quando a tristeza surgir, ou mesmo antes de ela aparecer, ler e reler essa lista várias vezes por dia, procurando penetrar na energia positiva que essas características lhe trazem.

- **Concentrar sua atenção em sentimentos positivos.** Precisamos ser muito cuidadosos com o que pensamos e, principalmente, com o que dizemos a nós mesmos ou aos outros – mesmo que tentemos disfarçar nossos sentimentos, o que sai de nossa boca representa o que de fato sentimos e vemos em nosso modo de ser. Como disse Jesus, *"o que sai da boca procede do coração, e isso é o que contamina o homem"* (Mateus, 15).

Ao se referir a si mesmo, escolha bem as palavras que usa. Em vez de se classificar, por exemplo, como solitário, triste, indefeso, confuso, melhor seria mudar sua fala para palavras de autoelogio e automotivação. Escolher melhor suas palavras, preferindo aquelas que o enaltecem, vai fazer uma grande diferença no seu humor e na sua qualidade de vida.

Focar lamentações de tristeza somente nos levará a ficar tristes por mais tempo. Voltar nossos olhos para a felicidade tira força dos nossos lamentos e das negatividades e nos leva a uma forma melhor de aproveitar a vida. Sobre isso, o escritor Gilberto Cabeggi afirmou, em entrevista, que quando escreveu seu livro de maior sucesso em vendas, *Todo dia é dia de ser feliz*, estava em um processo de profunda tristeza, mas se recusou a ceder a essa emoção. Ao contrário, passou a escrever seu livro falando de felicidade, para dizer a si mesmo, ao seu subconsciente e ao universo que ser feliz era o que ele realmente desejava. E isso mudou sua vida.

Substituir a linguagem e o pensamento negativos por um modo mais positivo de se expressar nos ajuda a construir uma postura resiliente, que nos torna capazes de lidar efetivamente com a sensação de tristeza e ansiedade e nos coloca em um melhor patamar de esperança e felicidade.

- **Cuidar bem da alimentação.** A tristeza também pode surgir, ou ser potencializada, por alguma deficiência nutricional. Contudo, pode ser atenuada se comermos determinados alimentos que contenham ácidos graxos, vitaminas e minerais, entre outros elementos que ajudam a regular naturalmente o sistema nervoso. Portanto, é muito importante cuidar da sua alimentação. Embora seja bastante fácil encontrar referências a isso em uma rápida pesquisa na internet, é muito interessante consultar um profissional da área, um nutrólogo ou um nutricionista, para definir um sistema alimentar que o ajude a combater a tristeza e até mesmo afastar determinadas tendências depressivas.

- **Exercitar-se fisicamente.** O melhor é procurar praticar exercícios adequados ao seu preparo físico e à sua idade e que sejam prazerosos. Uma caminhada leve na praia, ou em um parque, mesmo para quem está iniciando nas atividades físicas, provoca muitos sentimentos de alegria e bem-estar, além de melhorar a saúde do corpo e da mente.
- **Procurar fazer coisas de que você gosta.** Um dos maiores enganos que as pessoas cometem quando estão tristes é recolher-se em um canto e desanimar-se de fazer coisas que são parte de sua rotina. É pior ainda quando deixam de fazer até mesmo aquilo de que gostam, coisas que lhes davam prazer.

  Para sair do movimento da tristeza e até mesmo quebrar um eventual processo mais comprometedor, continue a fazer as coisas que você ama e que lhe dão prazer. Isso elevará sua energia, irá ajudá-lo a experimentar certa alegria e o fará lembrar que ainda há motivos para a felicidade em sua vida.
- **Praticar meditação.** A meditação é uma prática milenar, com efeitos comprovados e muito positivos, mas, mesmo assim, até hoje existem pessoas que abrem mão desse recurso e passam a vida sofrendo com desequilíbrios emocionais, como a tristeza, o desânimo e outros processos amargos, que podem ou não ter motivação. A meditação e os exercícios de atenção plena são ferramentas poderosas para você manter seu foco no momento presente, a fim de ajustar o modo como pensa e sente suas experiências e emoções. Mesmo durante dez minutos por dia, é possível meditar e equilibrar suas energias, de modo a reduzir significativamente a tristeza e abrir a porta para uma visão mais esperançosa da sua vida.
- **Buscar o apoio da família e de amigos.** A tristeza é um sentimento solitário. Muitas vezes, mesmo estando cercados de pessoas, ainda assim nos sentimos sós. Por isso, é importante termos um sistema de apoio concreto, com pessoas em quem confiamos e que queiram nosso bem e não sejam passivas, isto

é, não permitem que nos fechemos na nossa tristeza; antes disso, procuram nos estimular para a vida.
- **Manifestar gratidão.** Uma das maneiras mais poderosas de acabar com a tristeza é manifestar gratidão. Olhe ao seu redor e encontre motivos para agradecer, por menores que sejam. Não desanime: por mais sombria que seja sua situação, você sempre encontrará algo pelo que agradecer.

Uma forma bastante eficaz de praticar a gratidão é fazer uma lista por escrito de todas as coisas pelas quais você é grato na sua vida – sejam grandes ou pequenas, muito significativas ou bem básicas. Todos os dias, pela manhã e pela noite, leia essa lista e a complemente com novos itens. É incrível como, ao adquirir o hábito de agradecer, sempre virão à sua mente novos elementos pelos quais você se sente grato.
- **Tornar-se uma pessoa melhor.** Quando buscamos ser melhores a cada dia, a tristeza perde força em nossa mente. O objetivo de nos tornarmos pessoas melhores ajuda a superar a tristeza e a melancolia, porque tem a ver com promover transformações internas, como melhorar não só a qualidade dos nossos pensamentos, mas também nossas atitudes e nosso relacionamento com o mundo à nossa volta.

Pense em dar mais do que receber, ajudar mais do que procurar ser ajudado, promover ações de amparo ao próximo em vez de buscar ser amparado. Pode parecer algo um tanto contraditório, mas a grande verdade é que quando você coloca seu foco em ajudar o próximo, tira a atenção das suas tristezas e, assim, elas perdem forças.

GERANDO GRANDES TRANSFORMAÇÕES

Tanto a alegria quanto a tristeza são nossas companheiras de viagem e nos ensinam algo sobre a jornada da vida, com o propósito de nos ajudar a evoluir. Quando você passar por um período de tristeza, procure centrar-se no aprendizado que poderá tirar dessa situação. Conecte-se com a tristeza e busque a essência do que ela significa em sua vida.

O guru indiano Osho ensinava que são os tempos de grandes sofrimentos que nos trazem as grandes transformações. Contudo, para que a transformação aconteça, precisamos ir fundo às raízes de nossa dor, vivenciando-a exatamente como ela é, sem culpa e autopiedade.

Segundo Osho, o problema é que estamos sempre querendo livrar-nos da dor, mas é exatamente nas situações de incômodo que estão as possibilidades da vida integrar-se e crescer. Elas são os desafios da vida. São como bênçãos disfarçadas, que, infelizmente, nem todos reconhecem ou aproveitam.

Diversos autores falam da tristeza como algo positivo. Maxime Lagacé, goleiro profissional canadense de hóquei, diz que *"nossa tristeza é um presente e que não devemos rejeitá-la. Não devemos nos apressar em livrar-nos dela. Devemos vivê-la plenamente e a usar como combustível para mudar e crescer"*. Já o guru Osho dizia: *"nunca tenha medo das lágrimas. Olhos cheios de lágrimas são capazes de ver a verdade. Olhos cheios de lágrimas são capazes de ver a beleza da vida"*.

Permaneça com a tristeza quando ela surgir, porque isso o levará a uma compreensão mais profunda de si mesmo e poderá torná-lo mais forte e hábil para lidar com suas emoções.

Quando nos colocamos em uma posição paciente e de aceitação, mesmo diante de uma tristeza que nos incomoda, descobrimos que, de repente, a felicidade começa a surgir em nosso coração e toma forma em nossa vida novamente. A tristeza que incomoda é a mesma que, se bem conduzida, abre as cortinas para que a felicidade se apresente.

Os momentos difíceis sempre surgirão, a tristeza sempre rondará seus pensamentos e provocará instabilidades, mas se você permanecer centrado no seu propósito de ser feliz, ganhará forças, determinação e resiliência para prosseguir e conquistar o que sonha.

Corroborando essa ideia, o psiquiatra e psicoterapeuta suíço Carl Jung nos brindou com o seguinte modo de pensar: *"mesmo uma vida feliz não pode existir sem um pouco de escuridão; e a palavra feliz perderia seu significado se não fosse contrabalançada pela tristeza. Por isso é muito melhor aceitar as coisas conforme elas surgem, com paciência e serenidade"*.

Nessa mesma linha de pensamento, podemos agregar a contribuição de outros autores, como a de Nicholas Sparks, que afirmou que *"há momentos em que gostaríamos de poder voltar no tempo e largar toda a tristeza, mas tenho a sensação de que, se o fizéssemos, a alegria também acabaria"*. Há o alerta dado por Jonathan Safran Foer: *"você não pode se proteger da tristeza sem se proteger da felicidade"*. Podemos, ainda, contar com o depoimento de Bob Goff, dizendo que *"o que nos leva às lágrimas, nos levará à graça. Nossa dor nunca é em vão"*. Coroamos, então, este parágrafo com os dizeres de Jim Rohn: *"as paredes que construímos ao nosso redor, para manter a tristeza do lado de fora, também afasta a alegria"*.

ELEVANDO SUA AUTOESTIMA

A baixa autoestima é um sentimento negativo que pode nos acometer com frequência e desequilibrar a nossa vida. Ela acontece quando passamos a "gostar menos" de nós mesmos por alguma razão física, psicológica ou imposta a partir do mundo exterior. Assim, a baixa autoestima tem a ver com a nossa dificuldade de autoaceitação e a falta de amor-próprio e de autoconhecimento. O dr. Maxwell Maltz, cirurgião que desenvolveu a psicocibernética, afirmou que *"ter baixa autoestima é como dirigir pela vida com o freio de mão puxado"*.

Muitas vezes, um evento externo nos coloca em uma situação difícil, e tendemos a ficar tão envolvidos com os acontecimentos que nem nos damos conta de como está o nosso mundo interior, o que dificulta que nos mantenhamos serenos e equilibrados. Com esse descuido, não é raro que, aos poucos, nossa autoestima passe a níveis cada vez mais baixos.

Independentemente da causa, o desequilíbrio que realmente importa não é o externo, mas o que ocorre em sua mente. Quando o seu equilíbrio emocional está firme, você se sente autoconfiante, com a autoestima elevada e percebe que, apesar de todas as intempéries que o mundo externo pode apresentar, a forma como se sente depende exclusivamente de você. Depende do quanto se conhece e confia em si, do quanto gosta de quem você é e da crença de que possui a força e as condições necessárias para se sair bem, apesar de todo o furacão que pode estar acontecendo do lado de fora.

Conta-se que um pássaro pousou no galho de uma árvore para descansar, aproveitando-se da segurança que esse local estratégico lhe oferecia contra o ataque de predadores. Mais tarde, um vento forte começou a soprar, e a árvore, a balançar com tamanha intensidade que parecia que o galho se partiria ao meio. Entretanto, a ave não se preocupou, pois conhecia duas verdades importantes: primeiro, ela sabia que, se aquele galho quebrasse, havia muitas outras árvores em que poderia pousar para descansar. Segundo, sabia que era capaz de voar e que mesmo sem o galho estaria segura, pois tinha a seu favor o poder de suas asas.

Esse pequeno conto nos diz bastante sobre a autoconfiança, a coragem e a autoestima e nos estimula a pensar no quanto somos capazes de ir além e realizar bem mais do que percebemos na vida cotidiana. Basta que reconheçamos nossas forças e habilidades e que confiemos que elas trabalham a nosso favor.

Mas por que isso é tão importante? É simples, *"o mundo nunca vai valorizar você mais do que você valoriza a si mesmo"*, segundo disse Bill Masur, fundador da Conferência Homem de Caráter. Já segundo o psiquiatra David Hawkins, *"o mundo só pode nos ver como nós mesmos nos vemos"*. Há, ainda, a afirmação do empresário e investidor Naval Ravikant, *"a pior condição neste mundo é não ter boa autoestima. Se você não se ama, quem o amará?"*. Por fim, segundo o guru indiano Osho, *"a única coisa que realmente importa na vida é a sua opinião sobre si mesmo. Descubra a si mesmo, senão você terá que depender da opinião de pessoas que não sabem nada sobre si mesmas"*. Por isso é tão importante que valorizemos a nós mesmos e acreditemos em nosso potencial.

Quando você se liberta das limitações que o prendem ao chão, começa a entender até onde pode voar com as próprias asas. Você aprende que sua fonte de segurança realmente duradoura e permanente repousa dentro de si mesmo, na forma de uma autoestima positiva e na crença em suas habilidades.

No contraponto, podemos perceber que situações difíceis, com contínuos eventos estressantes, favorecem a baixa autoestima. Para muitas pessoas, essas situações tornam muito difícil sentir motivação para trabalhar, fazer exercícios físicos, estudar, relacionar-se, cuidar de si mesmas e tantas outras coisas que costumavam lhes dar prazer.

Em situações de nível de estresse elevado, de repente, pegamo-nos acreditando que os outros são melhores do que nós, passamos a ter dificuldade em expressar nossas necessidades, colocamos o foco mais em nossos pontos fracos, experimentamos sentimentos de vergonha, desânimo ou ansiedade. Sem que possamos perceber claramente, passamos a ter uma visão negativa da vida, sentimos um medo intenso de falhar, ficamos resistentes a feedbacks, mesmo os positivos, e nos vemos com uma enorme dificuldade de dizer não, minando nossas crenças positivas.

Perceba que esses são sinais de alerta de que você precisa trabalhar arduamente para mudar a percepção que tem de si mesmo. Portanto, é preciso agir com urgência, a fim de restaurar o amor-próprio, a autoestima. Estar "para baixo" um dia ou outro, por curtos períodos, é algo natural, mas você não pode normalizar o sentimento de derrota, que pode ser originado de contrariedades, sem antes lutar. Se quiser elevar sua autoestima, é necessário lutar pelo que você valoriza e quer da vida.

Ter uma autoestima saudável é imprescindível não só em tempos normais, mas também, principalmente, em tempos difíceis, pois ela o direciona e o ajuda a fazer escolhas acertadas no seu dia a dia, fornecendo a motivação e a coragem para você pensar positivamente e encontrar uma maneira saudável de lidar com os problemas. Siga o conselho do escritor Paulo Coelho: "não deixe ninguém lhe convencer de que você não merece o que deseja".

Acredite e confie mais em si mesmo, estimule a sua força, traga à tona a sua capacidade de vencer e de evoluir com as experiências trazidas pela vida, sejam elas boas ou ruins. Creia que exista um propósito maior em tudo o que lhe é dado para viver. Confie que, com o seu esforço e a sua inteligência, você será capaz de superar os desafios, sejam eles pessoais ou profissionais, e acredite que tudo tem uma razão de ser: nenhuma experiência é perdida.

Nossa resposta à baixa autoestima, assim como a todos os males emocionais decorrentes de eventuais incertezas, é levantar a cabeça e recuperar a nossa dignidade, resgatar o nosso senso de valor. Além do trabalho interno, caso você sinta que não está dando conta de gerenciar suas emoções e que precisa de ajuda, busque imediatamente um profissional especializado em saúde mental.

Entretanto, para prosseguir nessa luta, precisamos recorrer à nossa tão conhecida resiliência. Não há dúvidas de que, para mantermos a nossa autoestima durante tempos de adversidades, precisamos de mais determinação do que nunca. É necessário um esforço consciente para nos disciplinarmos, se quisermos um dia nos orgulhar de nós mesmos quando, no futuro, olharmos para trás.

Uma das mais poderosas ferramentas para elevar nossa autoestima é a prática da contribuição, da doação de nós mesmos para ajudar outras pessoas. A generosidade, a caridade e o empenho em tornar a vida de outras pessoas um pouco melhor têm um poder enorme de fazer com que nos sintamos bem. Encontrar motivos que nos realizem, tornem-nos úteis, preencham nosso senso de missão e despertem nossa compaixão têm se tornado uma fonte de energia imensa, um recurso que nos fortalece e nos ajuda a recuperar – ou desenvolver – nossa autoestima e a resgatar nosso valor.

Inspire-se nestas pessoas, nos tantos profissionais, médicos, enfermeiros, psicólogos, assistentes sociais, voluntários e em tanta gente como a gente, que se arrisca, acredita, ousa e faz tudo isso para tornar a vida dos outros mais fácil, segura e um pouco mais feliz. Pessoas que, apesar de suas dificuldades pessoais, colocam a atenção ao próximo em foco e seguem colocando em prática o conhecimento que envolve sua profissão, usando o tempo que seria dedicado aos próprios cuidados para salvar vidas, ajudar os outros e explorar novas ideias, deixando que o seu lado humanitário, sensível e criativo as guie. Com força, amor, determinação e propósito, elas contribuem incansavelmente para estimular a motivação que existe dentro de cada um de nós.

Você pode, sem dúvida alguma, juntar-se a esse grupo, contribuir com essa força-tarefa e fazer parte desse movimento do bem, dos verdadeiros heróis, que são, muitas vezes, anônimos.

PRÁTICAS PARA ELEVAR A AUTOESTIMA

De forma geral, estratégias eficazes que auxiliam a elevar a autoestima incluem atividades simples e práticas, que podem ser adotadas no dia a dia. O ex-esportista do hóquei Maxime Lagacé afirmou que *"a autoestima começa com a autocompreensão, cresce com a coragem e a perseverança e termina com a autoconfiança"*.

Sendo assim, você pode começar desafiando os pensamentos autodepreciativos que vierem à sua mente, substituindo-os por algo mais positivo. É óbvio que precisamos desenvolver a autocrítica, seguir o bom senso, mas é fundamental diferenciar a realidade da autodepreciação.

Relaxar por alguns instantes algumas vezes ao dia, fazendo algo de que gosta, faz com que nos sintamos melhores. Aprender coisas novas eleva sua autoestima e aumenta o apreço pela vida. Cercar-se de pessoas que lhe fazem bem, estimulem-no e proporcionem boas conversas é um excelente remédio. Além disso, é muito importante que você se aceite exatamente como é. Afinal, ninguém é igual a ninguém, e sua individualidade é única e significativa no mundo. A autoaceitação é a chave para elevar a autoconfiança e a autoestima.

Um dos passos mais básicos para começarmos a nos aceitar melhor é parar de dar ouvidos a críticas infundadas vindas de pessoas que nada têm a nos oferecer de positivo. A pesquisadora e professora Brené Brown, especialista e estudiosa de temas como a coragem, a vulnerabilidade, a vergonha e a empatia, tem uma frase que expressa muito bem essa ideia: *"nada transformou mais a minha vida do que descobrir que é uma perda de tempo avaliar meu mérito pesando a reação das pessoas nas arquibancadas"*.

Existem caminhos, técnicas e atividades que nos ajudam a elevar a nossa autoestima. Relacionei alguns deles a seguir, de maneira simplificada, para que você possa colocá-los em prática rapidamente e melhorar o seu dia a dia.

- **Apreciar suas qualidades únicas.** Lembre-se de seus pontos fortes todos os dias. Escreva uma lista de suas qualidades e consulte-a com frequência. Perceba e reconheça a pessoa incrível que você é. *"Respeite a sua singularidade e abandone a comparação. Relaxe em seu ser"* (Osho).
- **Cultivar o amor-próprio.** Focando as coisas boas que faz e todas as suas qualidades, você aprende a amar e aceitar a si mesmo, os principais ingredientes para uma autoestima sólida. Boa parte do nosso crescimento e da elevação da nossa autoestima vem de

aprendermos a nos concentrar em nossos pontos fortes e trabalhar os fracos. *"Sentir-se bem consigo mesmo é essencial para ser capaz de amar os outros"* (Fred Rogers).

- **Desafiar o seu "diálogo interno" negativo.** Toda vez que você, dentro da sua mente, se criticar, pare imediatamente esse diálogo interno e procure ver se a sua autocrítica é procedente, ou se ela tem razão de ser. Você vai ficar impressionado ao perceber que, na maior parte das vezes, essa conversa interna negativa é totalmente infundada. *"O importante é que você consiga respeitar quem você é"* (Fred Rogers).
- **Dizer a si mesmo uma mensagem positiva todos os dias pela manhã.** Redija alguns cartões com mensagens inspiradoras e comece cada dia lendo um deles, tirando-o ao acaso. Anote a mensagem em um papel e leve-o consigo, aproveitando para lê-la várias vezes ao longo do dia.
- **Divertir-se.** Programe eventos e atividades agradáveis todas as semanas, de preferência ao lado de pessoas que você ama, aprecie a companhia delas e cultive os relacionamentos que tornam a sua vida mais leve.
- **Fazer a si mesmo pelo menos três elogios todas as noites.** Antes de ir para a cama, todas as noites, liste três coisas em seu dia que realmente o deixaram feliz ou pelas quais você se sente satisfeito. Seja bem específico sobre algo bom que tenha feito ou alguma qualidade que você tenha demonstrado. Diga a si mesmo como está orgulhoso por esses fatos.
- **Falar consigo mesmo de maneira bondosa e positiva.** Trate-se como seu melhor amigo. Seja solidário, gentil e compreensivo. Quando cometer um erro, não se condene, nem seja duro consigo mesmo. Aceite que isso faz parte do aprendizado e siga em frente.
- **Focar aquilo em que você é bom.** Faça uma lista das coisas que você faz bem e que lhe deem prazer. Pode ser qualquer coisa, desde desenhar ou cantar até praticar um esporte ou contar uma boa piada. Em seguida, adicione a essa lista algumas coisas em que você gostaria de ser bom e proponha-se a investir tempo e

energia para desenvolver esses pontos. Sinta todo o seu potencial e coloque-o em ação.

- **Identificar condições ou situações preocupantes.** Para combater um inimigo, é necessário identificá-lo. Pense nas condições ou situações que parecem esvaziar sua autoestima e identifique-as com o máximo de precisão possível. Com essa consciência, ficará mais fácil lidar com elas.
- **Ironizar seus pensamentos negativos.** Imagine seus pensamentos negativos em situações cômicas, ou mesmo divertidas, e perceba como se tornam ridículos e improváveis. Assim, você vai enfraquecê-los e pode substituí-los por pensamentos mais positivos e construtivos.
- **Lembrar-se de que existem coisas sobre você que não são possíveis mudar.** Aceite e aprenda a conviver com elas, já que fazem parte de você, de sua identidade, do seu jeito de ser, e procure descobrir maneiras de usá-las a seu favor, em vez de sofrer por não poder mudá-las.
- **Não se comparar com os outros.** Comparar-se com outras pessoas nunca dá bons resultados. Se você achar que é mais do que o outro, vai estimular a prepotência e o egocentrismo; caso se considere inferior ao outro, vai derrubar sua autoestima. Portanto, o melhor é reconhecer que todos são diferentes e que cada vida humana tem valor por si só. Faça um esforço para se aceitar como você é, com seus defeitos e suas qualidades.
- **Parar de se preocupar.** Preocupar-se é colocar energia em algo que, na maioria das vezes, não leva a lugar algum. Quando você se preocupa, tenta controlar o futuro mesmo sem saber como ele efetivamente será. Isso desgasta sua energia e, em geral, baixa sua autoestima, uma vez que grande parte dos seus esforços para controlar o que virá amanhã costuma dar em nada. Aceite que não pode ver nem mudar o futuro e tente manter seus pensamentos no aqui e agora.

- **Questionar seus pensamentos e suas crenças.** Depois de identificar as situações e crenças que o deixam com baixa autoestima, preste atenção ao que você pensa a respeito delas. Pergunte a si mesmo se essas crenças têm algum sentido em sua vida e perceba como deve agir para mudá-las, no caso de elas estarem prejudicando-o.
- **Reconhecer seu valor.** Não ignore os elogios que recebe, não rejeite os aplausos a suas realizações, não atribua à sorte suas conquistas, nunca menospreze suas realizações positivas. Valorize o que você faz de bom e comemore todas as suas vitórias.
- **Ser assertivo.** Comunique suas necessidades, seus desejos, seus sentimentos, suas crenças e suas opiniões aos outros de maneira direta e honesta e aja de acordo com o que você acredita ser certo, ético e louvável.
- **Ter cuidado com padrões mentais que corroem sua autoestima.** Veja alguns exemplos:
  - *Pensamento de "tudo ou nada".* Ver as coisas como totalmente boas ou totalmente ruins, sem meios-termos, sem a possibilidade de trabalhar para mudar os resultados indesejados.
  - *Filtragem mental negativa.* Enxergar apenas os aspectos negativos de cada situação e concentrar-se neles, distorcendo a realidade.
  - *Ignorar os pontos positivos.* Rejeitar suas realizações e outras experiências positivas, como se elas não contassem em sua vida.
  - *Tirar conclusões negativas.* Chegar sempre a conclusões negativas, independentemente da situação, mesmo quando pouca ou nenhuma evidência as fundamenta.
  - *Confundir sentimentos com fatos.* Não ter discernimento para separar o que são sentimentos ou crenças negativas e o que são fatos.
  - *Manter conversas internas negativas.* Manter diálogos internos em que você se subestima, rebaixa-se ou recorre ao humor autodepreciativo.
- **Tirar o foco do passado.** Concentre-se em viver no aqui e agora em vez de reviver velhas mágoas e decepções. Você pode

até relembrar as boas coisas do passado, mas somente para trazer para o momento presente a energia maravilhosa experimentada naquela época, e nunca para se lamentar por tudo o que já passou.

Para terminar, quero alertá-lo de que precisamos de esforço e vigilância para substituir pensamentos e comportamentos perniciosos por versões mais saudáveis. Entretanto, tudo o que vale a pena conquistar exige esforço e dedicação, e cada passo que você der na direção certa, por menor que seja, leva-o para mais perto da solução.

Desse modo, sugiro que você pratique todos os dias as sugestões que se encontram neste livro e dê a si mesmo o tempo necessário para estabelecer novos hábitos mais saudáveis, que elevem cada vez mais a sua autoestima. Uma sugestão: como boa estratégia para preservar a motivação nessa luta diária, mantenha um diário com os registros dos seus progressos.

Como corolário destas ideias, aja sempre na direção do que você deseja realizar. Tenha sempre em mente que, conforme disse o escritor e historiador Thomas Carlyle, "*nada aumenta tanto a autoestima e a autoconfiança como a realização*".

ACALMANDO A RAIVA

Dada Bhagwan, líder espiritual na Índia, definiu a raiva de maneira inconfundível: *"a raiva é colocar fogo em sua própria casa cheia de feno. Primeiro, queima a sua própria casa e depois a casa do vizinho"*.

É claro que aqui estamos falando da raiva descontrolada, que extrapola nosso controle e nos faz perder o bom senso, comprometendo nossos atos. Quanto a isso, é preciso que estejamos alertas, pois, conforme alertou o sábio Aristóteles, *"qualquer um pode zangar-se – isso é fácil. Mas zangar-se com a pessoa certa, na medida certa, na hora certa, pelo motivo certo e da maneira certa – não é fácil"*. Lidar com a raiva não é uma tarefa simples.

Apesar de ser uma energia em sua forma mais pura, uma emoção autêntica e primordial, a raiva é, com certeza, a mais mal interpretada e reprimida na maioria das culturas. Ensinados desde muito cedo a encará-la como uma emoção negativa, destrutiva e digna de vergonha, aprendemos que devemos evitar a qualquer custo manifestar raiva. Contudo, o que nunca nos ensinaram é que, quando devidamente aceita, compreendida e bem direcionada, a raiva é a emoção que nos dá poder para movermos o mundo, impulsionando-nos como nenhuma outra a mudar situações improdutivas e/ou que estejam nos causando mal.

Também é verdade que a raiva é uma emoção que nos deixa em estado de alerta, sem o qual ficaríamos entregues a uma infinidade de riscos contra nossa integridade, sem as condições necessárias para defesa física e psicológica. A raiva é uma energia que, quando utilizada com consciência e sabedoria, pode até transformar-se em uma poderosa ferramenta de mudança social. Falando de uma forma mais direta, sempre é importante avaliar e considerar a observação feita pelo psicoterapeuta e educador Wayne Dyer: *"não há nada de errado com a raiva, desde que seja usada de maneira construtiva"*.

É importante compreender que, conforme Francisco do Espírito Santo Neto escreveu no livro *As dores da alma*, a raiva por si não é errada, pois senti-la é muito diferente de cometer uma brutalidade. Portanto, precisamos saber como lidar com nossas emoções e ser cuidadosos ao decidir o que faremos com elas.

Dores emocionais, como o medo e a tristeza, quando combinadas com pensamentos e situações que desencadeiam a raiva, acionam automaticamente reações de luta ou fuga, motivando-nos, muitas vezes, a agir com impulsividade para nos defender. Seja atacando ou fugindo daquilo ou daquele que está causando-nos dor, em muitos casos, explodimos de raiva, despejando no mundo e nas pessoas uma dose grande de agressividade, como se isso pudesse aliviar o nosso coração.

A verdade é que, como disse Buda, *"em uma polêmica, no instante em que sentimos raiva, já deixamos de lutar pela verdade e começamos a lutar por nós de lutar pela verdade e começamos a lutar por nós mesmos"*. O pior é que nesse momento passamos a lutar por nosso ego, de maneira que a raiva deixe de ter um papel positivo e nos arraste para emoções ainda mais dolorosas.

É preciso cuidado ao lidar com a raiva, porque é uma emoção que, se julgada como puramente negativa, pode transformar-se em sentimento de culpa, gerando a autocondenação. A repressão sistemática da raiva também pode levar até mesmo a um quadro de depressão.

Em *As dores da alma*, Santo Neto ressalta que é de grande importância nos atentarmos a este destaque:

> Nossos sentidos são tudo o que temos para perceber os recados da vida; contê-los seria o mesmo que destruir o elo com nossa intimidade. Não sentir é viver em constante ilusão, distanciado do verdadeiro significado da vida. A repressão das emoções inibe o ritmo e a pulsação interna, limita a vitalidade e reduz a percepção. Quando reprimimos uma emoção, por certo estaremos reprimindo muitas outras. Ao reprimirmos nossas emoções básicas (medo e

raiva), certamente estaremos reprimindo também as emoções da afetividade. Infelizmente, não conseguiremos lidar com as dificuldades e encontrar soluções, se perdermos o contato com as leis da Natureza, aliás criadas por Deus e que nos regem a todos. É mais produtivo para a evolução das almas acreditar naquilo que se sente do que nas palavras que se ouvem.

De acordo com a ideia que o guru indiano Osho nos deixou, a energia em si é neutra e pura e pode assumir várias formas, como raiva, ódio, frustração, alegria, amor e compaixão. O que ocorre coletivamente com a raiva é que, quando ela está presente, em geral nos deixamos ser tomados pelo medo de expressá-la e passamos a reprimi-la. Ao fazer isso, essa energia se acumula dentro de nós, tornando-se um veneno para os nossos sistemas físico e mental e causando-nos sérios problemas.

A energia da raiva, uma vez presente, não pode desaparecer ou ser destruída simplesmente; pode apenas mudar de forma. Ela pode ser transformada em amor ou compaixão, mas apenas se for expressa de modo consciente. Mais especificamente, conforme afirmou o dr. Deepak Chopra, *"a raiva não pode ser eliminada aplicando-se força; apenas aplicando-se calor, compaixão e bondade"*.

Osho afirmou, ainda, que reprimir a raiva é muito mais perigoso do que expressá-la; e expressá-la não significa machucar os outros ou a si mesmo devido a esse sentimento. Em outras palavras, temos de aprender a expressar a raiva que sentimos de maneira consciente para nos curar, sem ferir outro ser humano. Assim, quando você sentir raiva, não a despeje nos outros, nem a reprima. Expresse-a de forma segura. Lembre-se de que a agressividade não é natural, portanto, nem algo que você tenha de aturar.

O psicólogo Charles Spielberger afirma que as pessoas usam três principais abordagens conscientes e inconscientes para lidar com seus sentimentos de raiva: expressar, suprimir e acalmar.

Expressar nossos sentimentos de raiva de maneira assertiva. Portanto, agir de maneira não agressiva. Essa é a forma mais saudável de expressarmos raiva. Ser assertivo significa ser respeitoso consigo mesmo e com os outros.

Suprimir a raiva. Para isso, precisamos parar de pensar na raiva e concentrar-nos em algo positivo. O objetivo é inibir ou suprimir a raiva e convertê-la em um comportamento mais construtivo.

Finalmente, podemos nos acalmar. Isso significa não apenas controlar nosso comportamento externo, mas também nossas respostas internas, agindo para diminuir nossa frequência cardíaca e nos acalmar.

PRÁTICAS PARA LIDAR COM A RAIVA

Existem muitos caminhos, técnicas e atividades que nos ajudam a lidar melhor com a raiva. Relacionei alguns deles a seguir, de maneira simplificada, para que você possa colocá-los em prática rapidamente e facilitar o seu dia a dia.

Um dos modos mais eficazes de começar a lidar com a raiva é entender o processo por meio do qual essa emoção foi ativada. Conforme citado no artigo "Managing anger – yours and others", no site da Vancouver Island University, o mecanismo, ou ciclo de ativação da raiva, tem cinco fases: gatilho, escalada, crise, recuperação e depressão. Compreender isso nos ajuda a prever e até mesmo a evitar reações inadequadas, além de nos preparar para a reação de outras pessoas.

O gatilho. É chamado de gatilho o evento que dá início ao ciclo da raiva. Em geral, é acionado quando você se sente ameaçado de alguma forma, e seus sistemas mental e fisiológico se preparam para enfrentar a ameaça.

A escalada. Fase em que seu corpo se prepara para a crise emocional que está formando-se. Quase sempre, é marcada pelo aumento da frequência cardíaca e da pressão arterial e pela respiração acelerada, entre outras alterações, deixando seu rosto com uma expressão dura e até mesmo ameaçadora.

A crise. Quando seu instinto de sobrevivência entra em ação, baseado em duas possíveis respostas: a luta ou a fuga. Assim, seu corpo se prepara para agir. Infelizmente, durante essa fase, a qualidade do seu julgamento se reduz de modo significativo, e as decisões podem vir a ser tomadas sem a sua melhor capacidade de raciocínio.

A recuperação. Depois que a fase de crise resultou em alguma ação e que o ápice da raiva começou a ceder, seu corpo passa a se recuperar do estresse extremo e do grande gasto de energia. A adrenalina vai embora gradualmente, e a qualidade do seu julgamento retorna, à medida que o raciocínio começa a substituir a resposta automática de sobrevivência.

A depressão. Fase do pós-crise, o ponto em que o seu corpo entra em um curto período de oscilação dos seus níveis energéticos. A frequência cardíaca cai abaixo do normal, para facilitar que o corpo recupere o equilíbrio. A consciência e a energia começam a voltar para patamares mais adequados, o que lhe permite avaliar a situação pela qual acabou de passar. É comum que, nessa fase, exista algum sentimento de culpa, arrependimento ou mesmo alguns traços de depressão emocional.

Compreendidas as fases do ciclo da raiva, temos uma visão mais clara e efetiva de como lidar com a energia poderosa que pode vir junto com essa emoção. Outro aprendizado de que podemos fazer bom uso para lidar de modo positivo com a raiva é descobrir o que nos leva a senti-la. Aprender mais sobre o que nos irrita diminui as chances de sermos surpreendidos ou cegados por cenários em que haja conflitos.

Um artigo do Mediation Training Institute, intitulado *5 steps to control your anger*, sugere e lista cinco maneiras por meio das quais você pode lidar com mais propriedade e segurança com a raiva:

Entender melhor o que ativa seus conflitos. Aumentar sua consciência a respeito de quais são seus ativadores de conflitos é um passo importante para administrar melhor possíveis desentendimentos e minimizar eventuais manifestações de raiva.

Reconhecer os primeiros sinais da raiva. Aprender mais sobre como você responde fisicamente aos seus acionadores de conflitos também é bastante útil. O aumento do ritmo cardíaco, enjoos ou a tensão muscular podem alertá-lo de que a raiva está vindo à tona e é hora de começar a desacelerar, para que você não venha a ter reações desproporcionais, que poderiam ampliar e complicar a situação. O empresário Lee Iacocca aconselhou: *"em tempos de estresse e adversidades o melhor a fazer é manter-se ocupado, alocando toda sua energia e raiva em algo que valha a pena"*.

Não reprimir sua raiva. Uma pesquisa do professor James Gross, de Stanford, mostrou que a repressão emocional é provavelmente a pior estratégia para regular as emoções. Além de não resolverem o problema, normalmente elas se inflamam e ficam ainda mais fortes. A raiva reprimida pode explodir em proporções incontroláveis.

Regular suas emoções. Existem técnicas eficazes para administrar emoções como a raiva. Uma delas, envolvendo o que chamamos de atenção plena, consiste em mudar o foco da nossa atenção a partir dos elementos que estão estimulando a raiva sentida. Na atenção plena, buscamos relaxar fisicamente e respirar de uma maneira que crie um senso de calma e equilíbrio, enquanto observamos nossos pensamentos e sentimentos no momento presente, de forma isenta, sem julgamentos. O que precisamos fazer é manter o poder sobre nossas emoções dentro de nós mesmos, que é o ambiente em que podemos atuar.

O pastor e escritor Joel Osteen traz um alerta: *"todos os dias temos muitas oportunidades de ficar com raiva, estressados ou ofendidos. Mas o que você está fazendo quando se entrega a essas emoções negativas é dar a algo fora de você o poder sobre a sua felicidade"*.

Expressar suas emoções de maneira construtiva. Outra abordagem para lidar com a raiva em cenários de conflito é encontrar maneiras de dizer, aberta e honestamente, à outra pessoa como você está sentindo-se. Dessa forma, é possível esvaziar a energia da raiva, tornando mais fácil preservar a qualidade dos relacionamentos que temos. O guru indiano Osho costumava recomendar a seus discípulos: *"o que quer que esteja sentindo – seja dor, sofrimento ou raiva – você deve ser capaz de lançar fora; só então estará livre do sofrimento"*.

Podemos acrescentar que ferramentas simples de relaxamento, como a respiração profunda, ajudam a acalmar os sentimentos de raiva. Existem cursos sobre técnicas de relaxamento, e uma vez que você aprendê-las, poderá recorrer a elas em qualquer situação. A seguir, confira mais alguns passos simples que você pode dar no sentido de promover uma condição de relaxamento.

– Respire profundamente, usando seu diafragma; respirar pelo peito não o relaxará. Imagine sua respiração saindo de seu interior. Enquanto respira profundamente, repita devagar uma palavra ou uma frase que inspire tranquilidade, como "relaxe", "vá com calma". Use a imaginação e a memória para visualizar uma experiência que seja relaxante para você.

– Exercícios lentos e leves, como a ioga e o tai chi, também podem relaxar os músculos e fazer com que nos sintamos mais calmos. Portanto, é interessante praticar técnicas como essas diariamente. Aprenda a usá-las automaticamente quando estiver em uma situação tensa.

Convém, entretanto, deixar bem claro que não devemos permitir que nossas emoções controlem livremente nossas ações e nossos comportamentos, mas temos de senti-las para que, assim, tornemo-nos hábeis em conhecê-las e tê-las sob controle. Somente assim poderemos submetê-las ao nosso código de valores éticos, ao nosso intelecto e à nossa razão, de maneira a comandá-las adequadamente.

No caso específico da raiva, recomendo não permitir que ela permaneça em seu coração por muito tempo, para que não cause prejuízos maiores, pois, como nos lembrou o escritor Mark Twain, *"a raiva é um ácido que pode causar mais danos ao recipiente em que está armazenada do que a qualquer coisa em que seja derramada"*. Se recorrermos ao grande filósofo Sêneca, entenderemos também que *"a raiva, se não contida, frequentemente nos magoa mais do que a situação que a provocou"*.

Caso sinta que não está conseguindo controlar-se ou lidar com as emoções sozinho, procure ajuda médica e/ou psicológica. Não há vergonha alguma nisso; pelo contrário, é um sinal de que você entende que precisa cuidar-se e restabelecer-se para retomar sua autonomia e continuar sua jornada.

ALGO EM QUE PENSAR QUANDO ESTIVER SENTINDO RAIVA

Uma história do antigo Oriente conta que um mestre, ao falar com seus discípulos, ensinou a eles:

– Quando duas pessoas estão com raiva uma da outra, seus corações se distanciam muito. Para compensar essa distância, cada uma delas passa a gritar para ser ouvida. Quanto mais zangadas estiverem, mais se afastarão e mais forte terão de gritar para compensar a grande distância.

– Quando duas pessoas estão apaixonadas, elas falam baixinho, sussurram, porque seus corações estão muito próximos. A distância entre elas é inexistente ou muito pequena. Finalmente, nem ao menos precisam sussurrar; apenas se olham e isso é tudo. É o suficiente para que se entendam e se completem.

E, então, olhando para seus discípulos, o mestre completou:

– Quando você discutir com alguém, não deixe que a raiva prevaleça; não deixe que seus corações se distanciem. Não digam palavras que os separem ainda mais, ou então chegará o dia em que a distância será tão grande que vocês não encontrarão mais o caminho de volta.

Considero que vale muito mencionar o grande Dalai Lama, com esta citação de sua autoria: *"as emoções aflitivas – nosso ciúme, raiva, ódio, medo – podem ter um fim. Quando você percebe que essas emoções são apenas temporárias, que sempre passam como nuvens no céu, também percebe que elas podem ser abandonadas"*.

Para encerrar esta conversa de maneira bem positiva, deixo uma mensagem especialmente poderosa e simples do escritor Wayne Dyer para lidar com a raiva: *"é impossível você ficar com raiva e rir ao mesmo tempo. A raiva e o riso são mutuamente exclusivos e você tem o poder de escolher qualquer um deles"*. Portanto, seja qual for a situação que lhe desperte raiva, não ceda. Antes, escolha rir, sorrir e gargalhar.

LIDANDO COM A DEPRESSÃO

Quero ressaltar que é fundamental você ter consciência de que a depressão é algo muito sério e pode ter consequências realmente perigosas. Por isso, lembre-se sempre de que ela tem cura, mas representa um perigo real. Portanto, ao menor sinal de um estado depressivo, procure ajuda médica e psicológica, pois é o melhor caminho para sair dessa condição, que pode representar um comprometimento da sua felicidade e até mesmo da sua qualidade de vida e das pessoas que você ama, além de poder ter consequências graves para sua saúde como um todo.

Todas as atitudes e sugestões que busquei apresentar nesta obra são recursos auxiliares, a fim de que você lide com suas emoções concomitantemente a um tratamento prescrito e acompanhado por profissionais especializados. Mesmo em casos de depressão mais leve, o acompanhamento realizado por médicos, psicólogos e outros profissionais da área da saúde é de suma importância.

A grande dificuldade a ser enfrentada é que, normalmente, quando uma pessoa está deprimida, não existe energia, não existe algo positivo, não existe consciência. O indivíduo simplesmente não sabe que está em depressão, nem tem vontade nem consciência para fazer algo a respeito disso. Ele não sabe o que tem, não sabe o que fazer, não sabe para onde ir, não sabe o que procurar. Só está com algo que não é bom para si mesmo, nem para quem está ao seu redor. Por isso, é bastante comum que a pessoa precise da ajuda de profissionais de saúde e de amigos e/ou familiares para que possa agir a fim de superar essa doença.

DIANTE DE UMA REALIDADE QUE NOS DESAFIA

O que pode levar uma pessoa à depressão? São várias as causas possíveis, sendo algumas delas consequências de problemas que temos internamente, em nossa mente ou em nosso corpo – nossas condições físicas e psicológicas podem levar aos sintomas de depressão e à própria doença. Outras causas são disparadas no mundo exterior e nos atingem de tal forma que nos vemos com falta de opções ou mesmo com pouca esperança.

Embora as causas da depressão possam ser individuais, próprias das agruras pelas quais cada ser humano passa, ou coletivas, externas, em que algum tipo de acontecimento tira nossas opções e nos coloca em xeque, o objeto desta conversa nos fará permanecer focados, principalmente, nos aspectos psicológico e emocional, que muitas vezes estão por trás de um quadro de depressão. Também vamos dar atenção especial a práticas que podem auxiliar na superação de um quadro depressivo.

Não dá para negar que a pandemia de Covid-19, que teve início em 2020, virou nossa vida de cabeça para baixo e nos deixou, se não deprimidos, bastante angustiados e temerosos. Não tem como ignorar o estresse diário das consequências provocadas pela presença de um vírus microscópico que, como nos filmes de ficção, tomou de surpresa o mundo, levando a uma grande perda de vidas humanas globalmente e apresentando um desafio imenso para a saúde pública, os sistemas alimentares, as condições de trabalho e a realidade como a conhecíamos até então.

Além do medo constante de contrair essa doença, que por si só abala nossa energia, a necessidade de isolamento social é um fator que pode intensificar um quadro depressivo.

A repercussão desses eventos, bem como de tantos outros acontecimentos a que fomos e somos submetidos diariamente, atinge-nos de forma igual e nos deixa mais vulneráveis aos desequilíbrios emocionais e às doenças mentais. Contudo, não estamos aqui para bater ainda mais nessa tecla, já tão surrada pelas mídias e que nos coloca em uma posição em que ou reagimos a isso tudo, ou sucumbimos à enorme avalanche de negativismo que tenta tomar conta de nosso cotidiano.

Em um cenário como esse, não podemos entregar-nos ao desânimo e à prostração. O melhor a fazer é procurar nos desligarmos do negativismo coletivo e criar uma mentalidade positiva interior para nos fortalecermos física, mental e emocionalmente. É esse o objetivo desta conversa. Vamos elevar nossa energia, para termos a chance de superar todo e qualquer processo negativo e sair ainda mais fortes dessa nova experiência que a vida nos impôs.

Como assinalou o psicólogo Sinésio Capece, em seu artigo "Respondendo ao Coronavírus":

> [...] a pandemia nos colocou diante de nosso próprio nariz de forma tão intensa que ficou praticamente impossível que não nos envolvêssemos com os mais temidos escombros de nossa personalidade. A oportunidade de nos envolvermos, desenvolvermos e evoluirmos como seres humanos nos foi oferecida sem qualquer opção de recusa. O recado é claro: nós precisamos evoluir!
> E não mais evoluir intelectualmente. Essa parte é, neste momento, exclusiva à ciência, na busca de uma solução rápida para diminuir a mortandade provocada pelo vírus. Mas a evolução de cada um de nós deve ser no nosso conteúdo moral, pois não nos resta outra opção, uma vez que o convite para olharmos para nosso próprio ser nos coloca diante de nossos fantasmas, dos nossos horrores e também daquilo que temos de melhor. Chegou a hora de olharmos para dentro de nós mesmos com mais amor e nos descobrirmos como seres capazes de amar. E nesta descoberta, percebermos a nossa capacidade de amar o próximo, começando por aqueles que convivem conosco diariamente, mas sabendo que somos capazes de ir além.
> Estamos, todos nós, todo o planeta, diante de uma grande oportunidade. Então cada um de nós precisa, de forma mais célere quanto possível, tomar consciência de que o mundo não voltará mais a ser o que foi até antes da pandemia, e que devemos olhar para frente, para o que será, e evoluir como seres humanos que somos, pois só assim conseguiremos acompanhar o que vem por aí.

SIM, TEMOS UMA BOA NOTÍCIA

O transtorno depressivo, ou depressão, é considerado uma doença que, embora bastante comum, também é muito séria e não pode ser menosprezada, como com frequência acontece, devido ao fato de as pessoas sentirem vergonha de dizer que estão deprimidas.

Ela afeta negativamente as nossas emoções, mexendo com a forma como nos sentimos, pensamos e agimos. Costuma provocar um sentimento de tristeza e até mesmo a perda de interesse por atividades que antes nos davam prazer. Além disso, pode acarretar um sem-número de outros problemas emocionais, até mesmo sintomas físicos, e diminuir ou anular a capacidade de o indivíduo realizar suas principais atividades cotidianas.

A boa notícia é que, felizmente, a depressão é passível de tratamento, e você pode adotar certas estratégias para minimizar os efeitos em sua vida diária, mesmo que esteja vivenciando algo grave e complexo, como as consequências de uma pandemia, que limita suas ações e seus sonhos. É importante entender que sempre é possível, mesmo dentro dos seus limites, acreditar e fazer uso do poder que lhe é próprio para determinar sua qualidade de vida e definir suas escolhas.

Não há dúvidas de que é dificílimo ver o lado positivo das coisas quando se está no centro de um furacão, com tudo rodando ao seu redor, em uma crise ligada a algum tipo de depressão. Contudo, ainda assim, você pode optar por confiar na sabedoria da vida e assumir sua responsabilidade pela forma como irá lidar com esses desafios e mirar o caminho que quer seguir.

Você sempre pode escolher se quer reclamar, lamentar e se fazer de vítima, contribuindo, assim, para o negativismo e o aumento geral dos seus medos e desequilíbrios emocionais. Contudo, a melhor opção é, sem dúvida, deixar-se guiar pela autoconfiança, pela esperança e pela fé, alimentando o otimismo e recuperando a força para lutar e vencer mais essa grande prova.

NÃO EXISTE DEPRESSÃO ONDE HÁ INSPIRAÇÃO

A menos que desenvolvamos nossa capacidade de gerenciar as emoções, procurando compreender como nos influenciam e influenciam as outras pessoas, a depressão continuará afetando a forma como sentimos, pensamos e agimos, esgotando nossa força espiritual, mental, emocional e física e exterminando o desejo, a energia e a capacidade de prosseguir.

Precisamos estar conscientes das nossas emoções. Quanto mais rapidamente estivermos aptos a isso, melhor e mais prontamente responderemos aos desafios que a vida nos impõe a cada dia.

O psicólogo Sinésio Capece explica que podemos responder ao que a vida nos apresenta de duas formas distintas. Existe a *maneira reativa*, baseada em uma emoção que sentimos no passado ao enfrentar uma situação semelhante à atual, à qual a vivência do momento o remete. Nesse caso, responder com a mesma emoção do passado pode não ser a resposta mais adequada para o novo momento imposto.

O outro modo é responder de *maneira criativa*, em que você reconhece que a forma como respondeu emocionalmente em uma situação passada foi a melhor a ser dada naquele momento. Você fez o melhor que pôde naquele contexto, com o conhecimento que tinha na época, e pode dar à situação presente uma resposta diferente e melhorada, baseada nos muitos outros conhecimentos adquiridos ao longo do caminho. A resposta criativa sempre se mostra mais adequada.

Quando escolhemos não medir esforços e direcionar nossa energia para encontrar soluções, em vez de sucumbir ao desânimo, à prostração e à depressão, passamos a atrair as situações e oportunidades que nos oferecem o suporte necessário para que continuemos nesse caminho, cada vez mais fortalecidos, e abrimos espaço para emoções e sentimentos mais edificantes.

Felizmente, hoje já existe muita gente atuando nessa direção, alimentando essa corrente positiva, compartilhando seus conhecimentos e suas experiências, buscando inspirar outras pessoas a desenvolverem uma mentalidade resiliente e mais adequada para enfrentar as adversidades e, dessa maneira, ajudando-nos em nossa transformação em seres humanos melhores e mais felizes.

Sempre podemos fazer escolhas. Você pode decidir qual é o caminho que deseja seguir, não importa a situação que a vida lhe apresente. Sejam coisas boas, sejam coisas ruins, o que importa realmente é o modo como você se propõe a viver a partir dali. Pode optar por se encolher em um canto, enfiar a cabeça em um buraco e ficar apavorado, ou levantar-se, erguer a cabeça e encarar a vida com coragem, propósito e determinação.

PENSAMENTOS E ATITUDES QUE AJUDAM A PASSAR PELA DEPRESSÃO

Quando os sintomas de depressão surgem, o aconselhável é nos dispormos a enfrentar com coragem esses momentos e fazer o nosso melhor, para não deixar que isso tome conta de nós.

Assim, para facilitar o seu trânsito pelas fases em que se sentir depressivo, sugiro que você tenha atitudes, comportamentos e pensamentos que lhe permitam olhar para as coisas de modo mais positivo. Isso vai somar esforços com as demais providências que precisam e deverão ser tomadas quando se configura um quadro de depressão, de modo que seus bons resultados sejam sempre potencializados.

A seguir, veremos alguns pontos que têm um alto poder de tornar o seu dia melhor, independentemente das circunstâncias que você esteja vivendo.

- Todos temos algumas boas conexões com pessoas com quem mantemos um relacionamento de carinho, com quem temos prazer de ficar junto. Quando a depressão ameaçar tirar o seu sossego, faça contato com essas pessoas, procure ficar junto delas e, caso se sinta à vontade, aproveite para desabafar com elas.
- Pratique a bondade. É incrível a facilidade com que esquecemos como ela é importante. Esquecemos, também, que ser bondoso

beneficia mais nós mesmos do que a pessoa a quem dirigimos nossos cuidados. Coloque o seu foco em praticar a bondade e, assim, mine a intensidade da angústia e de pensamentos negativos.
- Precisamos estar cientes da nossa força e da nossa vontade e fazer com que elas prevaleçam diante dos desafios. Recomendo que você não tente lutar sozinho contra um quadro depressivo e ressalto, mais uma vez, quão imprescindíveis são o tratamento e o acompanhamento médico e psicológico, mas tenha sempre consciência de que não somos impotentes, não importa qual seja o desafio que temos pela frente. Sempre há algo que podemos fazer para melhorar as circunstâncias.
- Procure atividades que lhe deem prazer. Habitue-se a praticá-las com regularidade e determinação. Assim, quando a depressão ameaçar fazer ninho em sua mente, você terá mais um recurso poderoso para espantá-la para longe.
- Compreenda que você não precisa de muita coisa para ser feliz. Bastam pequenas coisas repletas de significado para que seu coração se encha de alegria e satisfação. O mais incrível é que pequenas coisas significativas estão disponíveis para todos nós no dia a dia, de modo totalmente natural. Basta que saibamos procurá-las para que apareçam e nos façam mais felizes. São essas pequenas coisas que nos ajudam a trazer propósito para o nosso cotidiano, a manter os pensamentos negativos afastados e que nos auxiliam muito quando associadas a um tratamento responsável da depressão.
- Dedique-se a ajudar o próximo. Sempre que você coloca o seu foco no bem de alguém, desvia a sua atenção do que o aflige pessoalmente. Está aí um excelente remédio para reduzir a depressão. Ajude alguém a resolver um problema, a aprender algo útil. Converse com quem anda meio sem rumo na vida e estimule-o a ser mais positivo. Tudo isso fará muito mais bem a você do que é possível imaginar. A situação ficará ainda melhor quando, com a

sua ajuda, você conseguir colocar um sorriso nos lábios de alguém que antes estava angustiado.

- Valorize cada pequena coisa do seu dia. Perceba a beleza e a riqueza que existem na simplicidade de um dia a dia normal, corriqueiro, habitual. Olhe para os pingos da chuva espalhando-se na água acumulada no chão e perceba quanta beleza existe ali. Sinta o cheiro delicioso do café sendo passado e deixe que sua mente viaje no sabor da bebida quentinha e revigorante. Esteja presente em cada pequeno fato e emoção que estão à sua disposição a cada momento.
- A depressão tem o estranho poder de fechar nossos olhos para tudo o que há de bom em nós e direcionar nosso olhar para o que não nos agrada muito no nosso modo de ser. Por isso, o melhor remédio para combater essa situação é fazer uma pausa regularmente para refletir sobre nossas virtudes. Um bom modo de colocar isso em prática é começar fazendo uma lista de tudo o que há de bom em você mesmo. Depois, releia essa lista diariamente, compenetrado no que você está reafirmando para si mesmo e complemente-a sempre com novos e importantes itens. Dessa forma, quando a depressão chegar tentando estragar a sua autoestima, encontrará as portas fechadas.
- Um dos mais poderosos remédios contra a depressão é sonhar. Basta listar seus melhores sonhos e colocar-se a pensar regularmente em tudo o que você deseja conquistar na vida. É bom sonhar e trabalhar para atingir seus objetivos. Onde existem sonhos sendo trabalhados para serem realizados não existe espaço para o desânimo. Faça da realização dos seus sonhos uma prioridade e determine-se a conquistar a vida que você merece viver.

COMO MANTER O EQUILÍBRIO

Prevenir sempre é o melhor remédio. Melhor prevenir do que remediar, já diziam nossos avós. Se você tem tendência a se sentir deprimido, então é bom tomar atitudes. Recuperar-se de uma depressão sempre é uma jornada árdua e bastante sofrida.

A boa notícia é que existem algumas atitudes que nos ajudam a não chegar ao ponto crítico de ficar deprimido e sem energia para reagir. Existem várias coisas que você pode fazer para manter a depressão longe.

- **Manter uma postura de aceitação.** A pior coisa que podemos fazer, em qualquer situação, é reclamar. Reclamar da vida não nos leva à solução alguma, aliás, só piora as coisas. Aceitar a vida como ela é e reclamar menos são atitudes muito úteis e produtivas. Como alertou Confúcio, *"não reclame da escuridão. Acenda uma vela"*.
- **Tomar cuidado com o excesso de trabalho.** Trabalhar é bom, necessário e saudável. Faz parte da vida e é uma das nossas razões de viver – afinal, ninguém cumpre o seu propósito de vida se não trabalhar bastante. Até aqui, tudo bem. Dedicar-se ao trabalho não é o problema, porém ser viciado nele, ou mesmo assumir mais compromissos de trabalho do que você pode dar conta, isso, sim, é perigoso.

O excesso de trabalho, associado ao estresse de não conseguir dar conta de tudo o que se comprometeu a fazer e entregar para alguém, leva a uma espécie de opressão, de autocobrança exagerada.

Mantenha-se em um ritmo de trabalho que exija empenho e represente um desafio para que você continue crescendo profissionalmente, porém procure sempre respeitar os seus limites, de modo a manter uma vida equilibrada. Lembre-se: o seu trabalho precisa ser uma fonte de prazer para você, não de estresse.
- **Praticar exercícios físicos com regularidade.** Conforme mencionado em outros capítulos, uma das melhores maneiras de prevenir a depressão é a prática de exercícios físicos. O exercício regular e perfeitamente ajustado às condições físicas da pessoa ajuda a criar sentimentos positivos e a melhorar o humor. Gerard Sanacora, professor de psiquiatria norte-americano, afirmou que *"o exercício físico parece ser um antidepressivo por si só e pode agir como um*

antídoto para o estresse". Trabalhar o corpo impacta a mente. Os gregos antigos sabiam muito bem disso.

Procure explorar bem essa questão e transforme a sua vida para melhor. Pessoas que cuidam bem do corpo físico tendem a lidar melhor com o estresse, o que pode ajudá-las a ter uma vida mais livre de processos depressivos. Os exercícios físicos por si sós amenizam a depressão. Contudo, quando praticados com foco meditativo seu efeito é ainda mais positivo e poderoso.

- **Fazer trabalho voluntário.** O trabalho voluntário e a compaixão melhoram nosso humor e nos ajudam a viver com mais propósito. Quando você se dedica a ajudar outras pessoas, abre espaço em sua vida para fazer novas amizades e conhecer gente com uma trajetória diferente da sua. Além disso, você experimentará o sentimento de gratidão, que, em geral, permeia o trabalho voluntário – inconscientemente, você sentirá que, se tem condições de ajudar alguém, de ser útil para a sociedade, isso significa que é capaz e tem muito a agradecer.

  O voluntariado traz para a sua vida uma sensação de maior comunhão e felicidade, o que, por si só, afasta pensamentos pessimistas e nos faz rever nossa postura diante da vida.

- **Evitar álcool e drogas.** Manter-se longe do álcool e de outras drogas, além de se manter em uma dieta saudável e fazer questão de ter um sono de qualidade regularmente.

  O aparente relaxamento mental que se experimenta sob o efeito de certas drogas é ilusório e temporário, deixando consequências bastante prejudiciais para o humor, a saúde e o emocional. O uso de drogas, que em um primeiro momento pode ser agradável e aparentemente inofensivo, com o passar do tempo, pode transformar-se em um dos principais motivadores e alimentadores de processos depressivos.

- **Gostar mais de si mesmo.** É sempre útil e benéfico usar seu poder criativo e sua energia de forma sábia e positiva, manifestando o apreço por si mesmo e pelas coisas que você faz.

Aprenda a viver com qualidade, alegria, positividade. Para isso, é importante adquirir o hábito de dizer coisas boas e estimulantes para si mesmo, de tal maneira e com tal frequência que você passe a se sentir bem e a agir de forma cada vez mais positiva.

Converse consigo mesmo e diga boas coisas em voz alta, como os seus pontos fortes, ou, então, escreva uma lista das coisas em que você é efetivamente competente e até mesmo diga, diante do espelho, olhando bem nos seus olhos, o quanto você é especial, querido e bem-amado. Quando nos propomos a fazer coisas que elevem a autoestima e o amor-próprio, estamos dando passos largos longe da negatividade e de processos depressivos.

Pode ser que, no começo, pareça um tanto difícil demonstrar apreço e satisfação por si mesmo e pelo que você faz, devido a hábitos antigos de autodepreciação, mas, aos poucos, com boa vontade e paciência, você mudará os conceitos que tem a seu respeito e tornará mais positivos os pensamentos com que se autoavalia.

Comece agora mesmo a treinar essa mudança de pensamento a seu respeito, tornando mais positiva a sua relação consigo mesmo. Inicie fazendo a si mesmo as seguintes perguntas:

Como posso realmente me sentir bem neste momento?

Que pensamento me faria sentir melhor?

O que posso fazer neste exato momento para ser mais feliz?

As respostas que você der indicarão o caminho.

- **Ousar fazer e dar tchau para a depressão.** Todas essas atitudes e posturas que sugerimos podem parecer difíceis de se colocar em prática, especialmente para quem se encontra em depressão ou está começando a vivenciar um processo depressivo. Contudo, basta que você se conscientize delas e se prontifique a fazê-las que uma grande mudança começará a se processar na sua mente subconsciente, o que o levará a concretizá-las e praticá-las cada vez mais. Como afirmou o poeta irlandês John Anster: "se você pensa que pode, ou sonha que pode, comece. Ousadia tem genialidade, poder e mágica. Ouse fazer e o poder lhe será dado".

Por mais difícil que possa parecer no começo, os resultados compensam muito. Platão dizia que *"começar é a parte mais importante de qualquer trabalho"*. Portanto, comece. Aja e veja os resultados incríveis acontecerem em sua vida.

É importante ter clareza de que a depressão é uma doença real – seja por causas emocionais, físicas (químicas, biológicas) ou ambas. Contudo, a boa notícia é que toda a ajuda necessária para superá-la já está disponível. Com diagnóstico e tratamento adequados, a maioria das pessoas com depressão a supera.

Fuja da ideia de que depressão é coisa de "gente fraca e preguiçosa", como muitos teimam em afirmar. Se você estiver com sintomas de depressão, o primeiro passo é consultar um médico de confiança, falar sobre suas preocupações e solicitar uma avaliação completa. É um bom começo abordar as dificuldades pelas quais você esteja passando e estabelecer um caminho para a cura.

Durante o tratamento, é imprescindível manter-se focado em algo positivo, adotando uma atitude de gratidão. Desse modo, grande parte da sua boa energia ficará disponível para auxiliá-lo na luta contra essa doença.

É importante compreender que a vida é uma grande sala de aula, na qual aprendemos muitas lições todos os dias e que continuará sendo assim durante toda a nossa trajetória. Portanto, não é exigida perfeição, nem que nos tornemos imunes aos sofrimentos do dia a dia ao longo do nosso processo de crescimento e evolução.

As emoções suscitadas pelos erros que cometemos precisam ser vividas. A vida não é perfeita, e é justamente por isso que precisamos ser felizes e valorizar nós mesmos e tudo ao nosso redor. Portanto, não se pressione. Não há necessidade, nem ganho algum em cobrar a perfeição.

Nosso foco precisa, sim, ser a gratidão para que possamos desfrutar plenamente de tudo o que a vida nos oferece e manter-nos afastados das negatividades, que levam a processos depressivos. A energia da gratidão traz muitos benefícios em termos de saúde, felicidade, satisfação com a vida e no modo como nos relacionamos com os outros. Ela nos ajuda a estarmos presentes no aqui e agora, apreciando o que temos disponível a cada dia.

Sentir e expressar gratidão transforma o seu foco mental em positivo, o que compensa a tendência natural do nosso cérebro de se concentrar em ameaças, preocupações e aspectos negativos – sim, porque nós, seres humanos, normalmente nos sentimos mais afetados por uma crítica do que por um elogio, as más notícias nos tocam mais do que as boas, e os reveses ficam gravados mais profundamente na nossa memória do que as alegrias. Com a gratidão, criamos emoções positivas, como alegria, amor e contentamento, e desfazemos o espectro de emoções negativas.

Acima de tudo, acredite que, por mais que em um processo depressivo nos sintamos solitários, a verdade é que nunca estamos sós. É apenas a nossa visão, momentaneamente turva, dificultando que enxerguemos quanta gente está ao nosso lado. A depressão não nos afasta das pessoas, nem as afasta de nós, a não ser que nós mesmos o permitamos.

Todos nós, juntos, trabalhamos para tornar o mundo um lugar melhor, e isso também inclui melhorar a nós mesmos, cada um de nós. Precisamos afinar nossos sentimentos de união e de gratidão por tudo o que somos e temos e, assim, ter uma visão mais clara do quanto somos abençoados, de quantos recursos e parceiros temos à nossa disposição. Depressão nenhuma resistirá a isso e a um tratamento médico eficaz.

A GRANDEZA DE ACEITAR

Vou começar este capítulo citando o escritor Eckhart Tolle: "*o que quer que o momento presente contenha, aceite-o como se você o tivesse escolhido. Sempre trabalhe com ele, não contra ele [...] Isso vai milagrosamente transformar toda a sua vida*".

Atualmente, com tantas mudanças ocorrendo no mundo e em nosso cotidiano, os desafios e as provações que surgem têm evidenciado a importância e a necessidade da aceitação em nossa vida como um todo. Especialmente nos momentos de grandes dificuldades e quando a solução não está nas nossas mãos, é comum e compreensível que nos desesperemos, mas isso só agrava a situação e não leva a lugar algum. A saída é aceitarmos o que temos pela frente e, assim, começarmos a delinear as soluções possíveis, para então colocá-las em prática.

Byron Katie, palestrante e escritora, disse isso de modo bastante singelo: "*a vida é simples. Tudo acontece para você, não por você. Tudo acontece exatamente no momento certo, nem muito cedo, nem muito tarde. Você não precisa gostar do que acontece. Mas é muito mais fácil e simples se você gostar*".

Enfim, depois de termos conversado sobre os vários aspectos emocionais abordados nesta obra, fica mais simples compreender o poder de usarmos a aceitação como ferramenta em nosso dia a dia. Aceitar que as coisas são como são é, portanto, o primeiro passo para que você possa conquistar o equilíbrio necessário para passar pelas tempestades que precisa enfrentar e construir uma vida mais plena, harmônica e feliz.

Não é à toa que grandes mestres elegeram a aceitação como algo fundamental na nossa vida, na nossa paz e na nossa felicidade. Eknath Easwaran, escritor e professor espiritual indiano, declarou: "*estamos aqui para aceitar o mundo como ele é, mesmo quando trabalhamos para torná-lo melhor*". Já Gautama

Buda garantiu: *"a serenidade surge quando você troca suas expectativas por aceitação"*. Jennifer Young, produtora e fotógrafa norte-americana, também concluiu: *"depois de aceitar a situação pelo que realmente é, não o que você quer que seja, você é livre para avançar"*. O grande mestre Deepak Chopra completou esse modo de pensar ao afirmar: *"aceite o que lhe chega total e completamente, para que você possa apreciá-lo e aprender com isso. E então deixe passar e siga em frente"*.

Em especial, devemos aprender a aceitar as emoções e os sentimentos como peças-chaves para o nosso processo de crescimento e desenvolvimento pessoal, profissional e espiritual. Entender o que sentimos não apenas nos dá a dimensão exata da importância que cada emoção exerce em nossa vida, como também nos ajuda a lidar e a compreender melhor quem nós somos.

Digo mais: é somente a partir da aceitação de nossas emoções que podemos usá-las para construir as bases do nosso sucesso. Comigo tem sido assim ao longo de toda a minha vida, e tenho certeza de que também é ou será assim na sua jornada em busca do sucesso e da felicidade.

Entretanto, devemos ser realistas: talvez uma das mais difíceis, e mais importantes, tarefas que temos pela frente seja aprender a aceitar as coisas como elas são. O grau de compreensão e de preparo de que precisamos para "não brigar" com o que a vida nos oferece ao longo de nossa jornada é desafiador, mas você tem plena capacidade de desenvolvê-lo.

Quando estamos enfrentando dificuldades, sejam emocionais, financeiras ou relativas à nossa saúde, é natural que haja uma rejeição da realidade tal qual ela é, que lutemos contra aquilo que não conseguimos resolver de imediato, ou que nos desesperemos tentando mudar a qualquer custo a situação que está deixando-nos desconfortáveis ou fazendo-nos sofrer. Portanto, o primeiro passo é compreender e aceitar que nem sempre a solução está em nossas mãos. Resistir ao que não temos o poder de mudar e insistir em querer resolvê-lo a qualquer custo é o mesmo que "dar murros em ponta de faca": somente nos machuca e não traz benefício algum, nem leva à solução necessária.

Nessa luta, cada um de nós reage de diferentes maneiras, mas é essencial que compreendamos que nem sempre é possível encontrar uma solução, da forma como queremos, para o problema a ser enfrentado e que lutar contra a realidade só causa mais dor e sofrimento. Portanto, a aceitação é a saída mais recomendada.

Sinésio Capece, autor do livro *Psicologia dos esportes: do fundamento ao rendimento*, apresenta um exemplo bastante claro sobre o poder da aceitação como diferencial para os resultados que buscamos e para a felicidade que desejamos conquistar. Em entrevista exclusiva, o autor nos contou o seguinte caso para exemplificar esta nossa conversa:

"Vamos buscar o exemplo de Fernando Fernandes, que participou de um famoso reality show no Brasil. Mesmo tendo sido eliminado da disputa, na ocasião ele foi entrevistado pelo apresentador do programa, que perguntou: "*você acha que a sua vida vai se dividir em 'antes e depois' de sua participação no programa?*" Sua resposta foi: "*– Eu espero! Vai mudar, com certeza, vai mudar alguma coisa!*".

Realmente, Fernando foi ao estrelato. Virou modelo, fez sucesso no Brasil e no exterior, namorou celebridades. Até que chegou o dia em que a vida lhe solicitou uma mudança radical. Um acidente de carro deixou nosso personagem paraplégico. Foi o momento em que tudo o que ele aceitava de si mesmo não tinha mais o menor significado. Foi o momento em que a maneira como as pessoas e a sociedade viam e aceitavam Fernando também tinha perdido significado. A mudança exterior tinha acontecido, e nada podia ser feito quanto a isso. Portanto, uma mudança interior tinha de acontecer para que a vida de Fernando voltasse a fazer sentido. Uma nova aceitação era necessária.

Uma declaração resume a qualidade da aceitação que Fernando Fernandes, hoje paratleta de canoagem, manifestou em sua vida. Disse ele: "*– Isto vai mudar a minha vida, para o bem ou para o mal. E isto quem vai determinar é a minha cabeça*".

Uma nova aceitação emergiu e fez sentido. Ter fé, acreditar sempre, acreditar em Deus, na vida, no esporte. Outros recursos, que ainda tinham sentido na sua vida e faziam parte da sua aceitação, permaneceram, como ele mesmo disse: "*Deus não me tirou o meu dom para o esporte. E jamais vou deixar minha vaidade ser maior do que a minha felicidade*".

Aceitando sua nova realidade, Fernando achou uma paz que não tinha antes e valorizou ainda mais sua vida, que o manteve feliz e realizado no esporte.

É importante compreender que, conforme as palavras do médico evangélico Paul Tournier, *"aceitar a própria vida não significa fugir da luta. Pelo contrário, significa simplesmente aceitá-la como ela vem, com todas as suas vantagens e desvantagens"*. É isso que, no final das contas, fará toda a diferença em nossa vida.

Existe, portanto, uma escolha consciente que precisamos fazer todos os dias: a de não resistir às experiências que a existência nos traz, mas, ao contrário, permitir que elas sejam como são e fluam como devem fluir. É preciso que nos deixemos viver com serenidade o que está acontecendo a cada momento.

Negar a realidade não a muda; ela permanece a mesma, e, pior ainda, você perde a oportunidade de conhecê-la mais de perto e de se adaptar a ela. A negação nos deixa ainda mais frustrados e infelizes, sem poder de articulação para superar as dificuldades. Logo, gostemos ou não, para que uma mudança possa acontecer, precisamos, primeiramente, aceitar nossa realidade. Do contrário, estaremos apenas desperdiçando nossa energia e nossa vida.

A aceitação tem um poder enorme sobre a nossa qualidade de vida e a nossa felicidade – e, por que não dizer, também sobre o nosso sucesso. A vida está cheia de exemplos de pessoas que usam a aceitação como o principal mediador de seus conflitos e combustível essencial para o seu desenvolvimento e a conquista do bem-estar e da felicidade.

Ouvi Susanne Andrade, autora do livro *O poder da simplicidade no mundo ágil*, certa vez contar sobre um belo exemplo de aceitação que ela presenciou:

> Eu estava em um aniversário do neto de uma amiga. A bisavó, uma senhorinha que inspirava vida e alegria aos 98 anos de idade, dançava e sorria com muita vitalidade. Além de vitalidade, ela demonstrava também uma praticidade sem igual e muita sabedoria. Perguntei a ela: 'O que a senhora faz para ter tanta disposição e chegar nessa

idade com essa jovialidade?'. Ela disse: 'É simples, minha filha. A gente faz tudo o que depende da gente... O que não depende mais, a gente aceita!'.

Com muita sabedoria, aquela senhora demonstrou na prática o modelo de Janet Feldman, apresentado no livro *Liderança autêntica*, de Kevin Cashman, o "Modelo CIA", que consiste em:

- C de "Controlarmos" o que depende de nós;
- I de "Influenciar" para a solução, se algo der errado;
- A de "Aceitar", quando a situação já não depende mais de nós.

Depois de buscarmos novas alternativas, sem sucesso, vem o grande salto, vem o "aceitar", que é bem diferente de se acomodar. Isso é o que eu chamo de inteligência emocional – e espiritual, já que também evita doenças da alma. Esse é um modelo que nos ajuda no fortalecimento da resiliência, quando nos deparamos com situações de estresse. Aplicar esse aprendizado em nossa vida é sabedoria pura.

Susanne complementou, ainda, falando sobre a importância da aceitação:

> A questão não está no que acontece com a gente, mas em como nos posicionamos e lidamos com o que acontece. Depois de fazermos a parte que nos cabe, devemos lembrar que existe algo maior, que é a fé. E a partir daí nos tornamos capazes de sair da posição de reclamação e lamentação para o olhar de que nada é por acaso, que tudo tem uma razão maior de ser. Portanto, aprender a aceitar as coisas como são representa sabedoria e confiança. É o entendimento e a certeza de que estamos sendo cuidados por uma energia maior. Pensar assim gera calma na alma, o que leva ao sentimento de proteção e de cuidado, nos proporcionando força para desfrutar a vida em sua plenitude. É ser feliz independentemente das circunstâncias. É a felicidade em nós.

PARA CONSTRUIR A ACEITAÇÃO

"O primeiro passo para a mudança é a conscientização. O segundo passo é a aceitação". É assim que o psicoterapeuta canadense Nathaniel Branden pensava.

Existem muitos caminhos, técnicas e atividades que nos ajudam a construir a aceitação em nossa vida, em especial para que não travemos uma luta constante e inócua contra as nossas emoções. Relacionei algumas considerações importantes para cultivar a aceitação, de acordo com o que recomenda o escritor e professor de ioga Adam Brady. Pense com carinho em cada uma dessas proposições e perceba como elas podem realmente ajudar a mudar a sua vida para melhor.

- **A aceitação é um uso inteligente da nossa energia.** Aceitar as coisas como elas são é o modo de uso mais econômico da nossa energia. Se você tentar lutar contra todo o universo, vai perceber que isso exige uma enorme quantidade de recursos físicos e psicológicos, provocando-lhe esgotamento físico, mental e espiritual. *"Precisamos abrir mão da vida que planejamos, para aceitar aquela que nos espera"* (Joseph Campbell).
- **A aceitação é uma escolha que nos muda.** Quando você opta pela aceitação, está fazendo a escolha de não forçar mudar determinada situação, mas, sim, de mudar suas percepções e interpretações sobre o que está ocorrendo. Seu modo de olhar para a vida se expande.
- **A aceitação é uma habilidade adquirida e perecível.** Precisamos de trabalho e prática regulares para superar a nossa tendência natural de querer forçar mudanças no mundo exterior. Para praticar a aceitação regularmente, a meditação, em especial a de atenção plena, tem sido uma excelente ferramenta de apoio para expandir a nossa consciência e desenvolver a nossa propensão a aceitar com naturalidade o que não pode ser mudado.
- **A aceitação está alinhada com as leis da natureza.** Nos ensinamentos taoístas, existe um conceito conhecido como *Wu wei*,

muitas vezes traduzido simplesmente como "não ação". Praticar o *Wu wei* é estar alinhado e disposto a seguir o fluxo da vida, sem esforço, sem tentar mudar o que não está ao seu alcance.

- **A aceitação implica a adaptabilidade.** Ao praticar a aceitação, você se adapta às experiências que vive, já que todos nós estamos em constante mudança. Logo, torna-se mais flexível, adaptável e resiliente para enfrentar cada nova situação.
- **A aceitação não é sinônimo de passividade.** Quando você aceita as coisas como elas são, não quer dizer que tenha que gostar delas, nem que esteja desistindo do que está buscando e deseja realizar. Na verdade, praticar a aceitação significa que você está adotando uma abordagem mais hábil e inteligente para atender às suas necessidades e abraçar o momento presente. A escritora Sharon E. Rainey disse: *"aceitação não significa que a vida fica melhor; significa apenas que o seu modo de viver melhora"*.

Faça uma pausa agora e pense um pouco sobre isto: quando você luta contra a realidade, sempre perde. Ela nem sempre é o que você deseja, mas o que é preciso que ela seja. Lembre-se de que é apenas depois de aceitar a situação como ela realmente é que você estará livre para seguir em frente.

A vida é feita de uma série de mudanças naturais e espontâneas sobre as quais não temos poder de decisão. Portanto, não devemos resistir a elas. De nada adiantaria, e fazer isso só criaria tristeza. É preciso que deixemos a realidade ser a realidade. Como disse o filósofo chinês Lao Tzu, *"deixe as coisas fluírem naturalmente pelo caminho que elas seguirem"*.

O médico indiano Deepak Chopra, autor de vários livros internacionalmente aclamados, afirmou que, quando você luta contra o momento presente, na verdade está lutando contra todo o universo. Em vez disso, você pode tomar a decisão de, apenas por hoje, não lutar contra, o que significa que sua aceitação do momento presente é total e completa. Chopra complementa essa proposição: *"você pode desejar que as coisas no futuro sejam diferentes, mas neste momento tem que aceitar as coisas como elas são"*.

Eckhart Tolle, escritor e conferencista alemão, autor do livro *O poder do agora*, corrobora essa visão sobre a importância e o poder da aceitação em nossa vida, afirmando:

> *Sempre diga 'sim' ao momento presente. O que poderia ser mais fútil, mais insano, do que criar resistência interna ao que já é? O que poderia ser mais insano do que se opor à própria vida, que é agora e sempre agora? Renda-se ao que é. Diga 'sim' à vida – e veja como a vida, de repente, começa a trabalhar a seu favor, e não contra você.*

O guru indiano Osho ensinou: *"aceitação é a chave para o relaxamento. Quando não está tentando mudar as coisas, para tornar a vida diferente, você simplesmente relaxa. Nesse relaxamento, você respira mais profundamente, sente-se bem com tudo ao seu redor e nada o perturba".*

Finalmente, a suprema definição de aceitação talvez esteja contida nesta frase do escritor e palestrante motivacional Rasheed Ogunlaru: *"a verdadeira sabedoria é apenas o movimento de deixar de lutar contra a vida, para simplesmente abraçá-la".*

ACEITAÇÃO NÃO É CONFORMISMO

Quando passamos por situações muito desafiadoras, é bastante comum em certo ponto dizer que decidimos aceitar o que aconteceu, devido ao fato de não podermos mudar o cenário. Contudo, ao fazermos tal afirmação, nem sempre temos a exata noção do que seja realmente esse estado de aceitação. Na maior parte das vezes, estamos referindo-nos a um conformar-se com a situação, que é algo bem diferente de aceitar verdadeiramente as coisas como são.

É preciso ter consciência de que o conformismo leva à passividade, enquanto a aceitação é um ato de sabedoria. Quando simplesmente nos conformamos, estamos desperdiçando uma grande oportunidade de compreender e praticar o verdadeiro significado do estado de aceitação e toda a liberdade que ele nos oferece.

Quando alguém recebe o diagnóstico de uma doença grave, com alto grau de fatalidade, por exemplo, o desespero leva inicialmente à negação e, então, à raiva. Em seguida, vêm a fase da negociação, a da depressão e, por fim, a da aceitação. Depois de passar por esse "luto", a aceitação deve fechar esse ciclo e levar à busca da resposta à pergunta "o que eu vou fazer com isso?".

Se a pessoa enveredar pelo lado do conformismo, simplesmente irá entrar em passividade, admitindo que nada pode ser feito a respeito, e prostrar-se, inerte, esperando a morte chegar, ou até mesmo ficar deprimida. Contudo, se optar pela aceitação, sua resposta a essa pergunta será aceitar todas as limitações impostas pela doença, mas manter o foco no que ainda depende dele, para fazer de sua vida algo melhor e dar-se maiores chances de encontrar um tratamento com chances de cura, ou pelo menos de estabelecer uma boa qualidade de vida, apesar da doença.

A aceitação é o que dá o tom da nossa busca por condições de sermos felizes, mesmo quando os problemas são tais que a solução esteja fora de nosso alcance individual. Além disso, a aceitação nos leva à evolução.

O executivo de vendas Sérgio Damião, autor do livro *Se vira! Você não é quadrado!*, concedeu-nos um depoimento em que falou sobre a aceitação de maneira bastante inspiradora.

> A aceitação, em vez de representar uma submissão, fraqueza ou covardia, muito nos eleva, nos coloca em um patamar de equilíbrio, resiliência, compreensão a tudo que acontece em nossa vida, nos campos materiais e espirituais. Aceitar a nossa condição como ser humano nos coloca em um nível de entendimento maior, frente aos grandes dilemas que enfrentamos, nos remete a refletir, entender nosso exato tamanho e significância perante Deus, seja qual for a nossa crença.
>
> Aceitar de bom grado, com serenidade, situações adversas, nos fortalece a compreensão de que um mal recebido pode nos levar

a compreender fenômenos além do nosso mortal entendimento. Aceitar que nossos planos podem dar errado, que alguns sonhos podem não se realizar, que determinados caminhos foram más escolhas, significa evoluir na crença de que o melhor, que está por vir, passa por provações, mudanças de rotas e de planos.

Aceitar a tristeza, a dor, a perda de entes queridos, ou materiais, fortalece nossa perseverança, nossa resiliência, nosso amor-próprio, nossa crença, nossa espiritualidade. Aceitar o que está para nós destinado, escrito, e seguir adiante, agindo, orando, amando a nós mesmos e o próximo é a maior prova que podemos dar aos céus de que confiamos, mesmo que perdendo, que acreditamos, mesmo que entristecidos, que não desistimos, apesar das lágrimas doloridas, apesar da desesperança que insiste em bater às portas de nosso coração.

A aceitação nos abre os canais de comunicação com o Deus maior, com o divino, com uma religiosidade que nos purifica, nos sustenta, nos leva a não perder a fé em qualquer circunstância.

Enfim, conformismo é aceitar a situação por não se sentir capaz de fazer coisa alguma para melhorar a sua vida. Já aceitar o que não pode ser mudado é um ato de extrema sabedoria, de confiança na vida e de fé nos desígnios do divino.

É PRECISO ACEITAR E REJEITAR AO MESMO TEMPO

É importante compreender que aceitar as coisas como elas são implica, também, que estamos rejeitando uma parte de nós que grita "não" para a situação. O fato é que algo dentro de nós nunca aceitará totalmente ou ficará bem com o que não queremos, e isso precisa ser considerado nesse processo. A chave é encontrar um equilíbrio entre a aceitação e a rejeição.

O principal elemento que precisamos considerar para a aceitação de uma situação é termos a abertura para olhar a realidade como ela é, não como nos sentimos a respeito dela. Isso permite que comecemos a fazer tudo o que for preciso exatamente onde estamos, neste exato momento.

Quando falamos em aceitação, falamos em aceitar que não temos controle sobre nossa vida, mas ainda insistimos em pensar que temos. Na verdade, esse controle nunca esteve em nossas mãos, e é por isso mesmo que a aceitação é a mais sublime libertação que podemos almejar.

Sobre a necessidade e a importância de praticarmos a aceitação em nossa vida para a nossa felicidade e realização, trago aqui uma visão muito positiva do empresário Claudinei de Oliveira, autor do livro *7 vícios que destroem a sua carreira*:

> A aceitação de que não estamos no controle pode trazer alento àqueles questionamentos sobre culpas, sobre se poderia ter sido feito algo diferente, e tantas outras questões, que na maioria das vezes só agrava a situação, não ajudando em nada. E talvez a maior aceitação que teremos que ter e que fará toda a diferença em nossa vida é que 'estamos aqui simplesmente para viver a vida' como ela se apresenta, desfrutar de tudo o que ela nos oferece. Qualquer coisa além disso, é vaidade, e nos cobrará seu preço.

Aceitação não é inação, nem abandono, nem desistência. É apenas o reconhecimento de que, apesar de termos feito tudo o que foi possível, a solução não estava em nosso poder. É o caso de quando um familiar adoece, e fazemos tudo o que podemos, tudo o que está em nossas mãos, mas, ao final, a pessoa se vai. Essa é a prova clara de que, de fato, decidir entre a vida e a morte não cabia a nós. Contudo, é importante que tenhamos a certeza de que fizemos tudo o que estava efetivamente ao nosso alcance para assistir quem amamos, porque isso ajudará na nossa compreensão e na aceitação da passagem.

A aceitação "do agora", de tudo o que estamos vivendo no momento presente, é um passo poderoso, que requer coragem e honestidade com nós mesmos e nos permite continuar com o trabalho que temos a fazer e, assim, viver mais plenamente.

A ESCOLHA É SEMPRE SUA

Como é próprio de cada ser humano sobre a face da Terra, eu também já passei por muita coisa difícil, tanto na vida pessoal como no empreendedorismo. Contudo, também conquistei muito mais sucesso do que grande parte das pessoas deseja conquistar. Como afirmei anteriormente, aprendi muito sobre como lidar com minhas emoções, de modo a fazê-las trabalharem a meu favor, e isso me ajudou a me tornar um fodido obstinado e a buscar a realização de meus sonhos, que, como faço questão de ressaltar, sempre foram bem grandes.

Como empreendedor e empresário que busca inspirar as pessoas, procurei compartilhar nesta obra grande parte do que considero importante levar em conta no que diz respeito a tratar as emoções de maneira positiva e construtiva, a fim de que você também possa conquistar o sucesso e a felicidade que procura.

Lidar de maneira assertiva com suas emoções é algo que se faz necessário, em especial no mundo em que estamos vivendo, que passa por mudanças constantes, cada vez mais radicais, e suscita sentimentos e emoções profundas e poderosas. Para vencer na vida, ter sucesso e realização plena, você deve estar disposto a renascer a cada dia e ser capaz de administrar melhor cada uma das emoções que o mundo desperta em sua caminhada.

O caminho que você se propõe a seguir como empreendedor, em especial, vai exigir que se torne mais forte e consciente a cada passo que der, para que possa preparar-se para uma realidade altamente desafiadora e enfrentar as mudanças necessárias com equilíbrio e assertividade. Para vencer, será necessário que você se aprimore nas relações humanas e em seu empenho quanto ao seu propósito de vida, focando esse trabalho evolutivo dentro de si mesmo, no seu modo de ser, no trato hábil e positivo de suas emoções.

O lado bom de tudo isso é que você está sendo convidado para um novo despertar, que vai elevar o verdadeiro ser humano que existe em você, de modo a assumir seu real papel na vida e no mundo.

Sim, há muito trabalho a fazer, mas com um olhar positivo, consciente, com uma mentalidade resiliente, apesar de todo o caos que eventualmente possa haver ao seu redor, você será capaz de compreender e lidar com suas emoções mais profundas e tirar proveito dessa experiência para evoluir.

Quando está familiarizado com seus limites, mas ainda assim está disposto a explorar novas formas de ir além de suas limitações, você se torna capaz de reconhecer, em meio a qualquer dificuldade, oportunidades de crescimento, evolução e contribuição.

Momentos de desafios e provações são convites para reforçar o seu senso de humanidade, ressignificar os seus valores e, então, contribuir para a mudança necessária que o levará ao próximo nível de progresso, em que poderá colaborar com a construção de um mundo ainda melhor, no qual valha realmente a pena viver.

Para tanto, é de suprema importância estar consciente de que essa é uma luta individual. Você deve blindar-se de uma eventual negatividade coletiva, para que possa manter sua fé e a crença no que pode fazer para contribuir positivamente para o mundo.

Nesse ponto, quero enfatizar que a escolha é sempre sua, já que ninguém mais pode dizer-lhe o que deve ou não fazer. Você tem de buscar suas respostas na sua fonte interior e, portanto, precisa confiar nela. Para isso, será necessário que você se atenha aos seus verdadeiros valores, os quais estão sendo testados e consolidados com base em uma vida composta de erros e acertos, que o levarão a um aprendizado consistente em que pode confiar e basear-se para tomar suas decisões.

Nessa jornada de aprendizado, você ainda pode inspirar-se em exemplos de outras pessoas que já passaram pelos mesmos desafios que enfrenta hoje e aprender com elas algumas coisas, para aplicar na sua jornada. Por isso, com o propósito de inspirá-lo um pouco mais, vou compartilhar alguns dos meus referenciais de vida, que amealhei ao longo de minha jornada pessoal, superando obstáculos e lidando de modo assertivo com minhas emoções. Acredito que você possa usar algumas dessas ideias para lidar melhor com suas emoções e seus desafios.

- Sonhe sempre. Tenha muitos sonhos e sempre sonhe grande. Tenha sonhos impossíveis. Não limite a sua visão sobre onde você pode chegar. Quando você realizar um sonho, já comece a sonhar de novo.
- Tenha sempre muita vontade de mudar de vida e aja para isso. Coloque ação na busca pelo que você deseja realizar.
- Aproveite as oportunidades que forem surgindo pelo caminho. Fique atento a acontecimentos à sua volta que possam favorecer o que você busca.
- Identifique as necessidades das pessoas, para que você possa desenvolver o seu modelo de negócio e agir de modo a atender ao anseio delas.
- Trace metas com método e disciplina e cumpra todas elas. Comemore cada pequena vitória ao longo de sua jornada rumo ao sucesso.
- Esteja consciente de que, para termos sucesso, precisamos de muito estudo, disciplina, trabalho, audácia e lutas. O principal em toda jornada de sucesso é você vencer a si mesmo.
- Sempre queira mais. Não se conforme com o que já conseguiu. Nunca diga "já está bom assim". Jamais se acomode. Trabalhe mais que os outros, faça mais que o necessário e procure sempre fazer o impossível.
- Sempre se prepare antes de se lançar a um novo projeto, ou enfrentar um novo desafio. O preparo adequado amplia suas chances de sucesso.
- Seja decidido na vida e tenha atitudes proativas e determinadas. Não espere "deixar a vida te levar". Faça o que lhe cabe na sua busca pelo sucesso. Tome as iniciativas, saia na frente.
- Não espere o momento certo para fazer qualquer coisa que seja. Quem decide o momento certo é você.

- Não se acomode, nunca pare de aprender. É preciso reinventar-se a cada dia para sobreviver e ter sucesso na nova sociedade digital e disruptiva.
- Faça sempre a coisa certa, aja com ética, honestidade e integridade. Deixe um rastro exemplar, digno de ser seguido por quem deseja fazer uma diferença positiva no mundo.
- Seja otimista, positivo, pense sempre de forma assertiva e confiante.
- Procure ser resiliente e antifrágil. Reverta crises, fracassos e desafios a seu favor.
- Sinta-se merecedor do sucesso e, com base nisso, desenvolva uma programação mental que favoreça a sua busca pelos seus objetivos e pelo que você sonha em realizar.
- Não desista jamais. Se for para desistir de algo, desista de ser fraco, desista de desistir.

Lembre-se sempre de que seu compromisso maior precisa ser com seus planos, com seus valores e com os aprendizados que você angaria ao longo da sua jornada, para que possa colocar sua energia e sua inspiração para fluir e, assim, realizar tudo o que almeja.

Procure reinventar-se a cada dia. Tenha consigo a certeza de que, por mais severas que sejam as suas provações, você sempre pode escolher evoluir com serenidade, voltando-se para o que é realmente essencial para si e para o mundo à sua volta.

É importante que você esteja disposto a ousar um novo recomeço, a renascer das suas cinzas cada vez que algo não der certo e a alçar voos mais altos, por céus e horizontes mais promissores e valorosos.

É fundamental que você aproveite cada oportunidade para melhorar a si mesmo, que aprenda a lidar com determinação e serenidade com suas emoções – e não sucumbir a elas – e que saiba usá-las como fonte de aprendizado e estímulo para evoluir na direção do que busca, aproveitando o percurso para crescer, evoluir, ter sucesso, ser feliz e, com isso tudo, contribuir ainda mais para o bem de toda a humanidade.

Que assim seja!

O SUCESSO NASCE DO EQUILÍBRIO ENTRE A RAZÃO E A EMOÇÃO

Depois de todos os temas abordados neste livro, acredito que tenha ficado evidente que um dos grandes problemas enfrentados em nossa jornada rumo ao sucesso é que, em um primeiro impulso e de forma automática, reagimos emocionalmente às adversidades – e nossas reações emocionais em geral tendem a não ser muito positivas, em especial quando estamos nos sentindo frustrados.

Dessa forma, é comum agirmos impulsivamente e acabarmos prejudicando nossos relacionamentos, quando, na verdade, poderíamos impulsionar-nos na caminhada rumo à realização dos nossos sonhos.

Para tornar a situação um pouco mais preocupante, também tendemos a permanecer muito tempo presos às emoções negativas que as dificuldades, as decepções e as derrotas nos causam, atrasando nossos planos e reduzindo nosso empenho na busca pelo sucesso.

Embora essas contrariedades sejam situações normais, é bastante comum que desperdicemos muita energia e tempo com elas até que possamos superar determinadas fases de decepções que sofremos.

Reflita um pouco mais e, com certeza, irá identificar momentos em sua vida em que perdeu um excelente negócio, porque deixou que uma emoção negativa interferisse em suas negociações; ou perdeu um prazo importante de entrega para um cliente, pois estava em uma fase emocional um tanto negativa e não conseguiu fazer com que o seu rendimento fosse bom o suficiente.

Não há como negar: precisamos encarar nossas emoções como fatores preponderantes na definição dos nossos resultados e até mesmo do nosso destino. Elas são o principal componente dos relacionamentos que travamos, e é por influência delas que normalmente agimos e reagimos ao que os outros nos dizem ou fazem. Nossos relacionamentos são a base de tudo o que construímos, de modo que todo cuidado seja pouco quando o assunto é expressar-se emocionalmente.

Ser hábil em gerenciar as emoções se torna, portanto, um dos pontos cruciais para construir sucesso e ter uma vida mais plena, especialmente em um mundo em rápida transformação e repleto de provocações como o de hoje.

É preciso ter cautela com a maneira como você lida com cada situação, especialmente com cada desafio e obstáculo que tenha de enfrentar. Assim, é fundamental que saiba administrar bem seus sentimentos e suas emoções, para que o sucesso se torne uma realidade cada vez mais presente em sua vida.

Neste livro, procurei trazer para você um conteúdo de cunho prático, embasado na sabedoria dos grandes pensadores e na minha experiência pessoal, com o intuito de ajudá-lo a compreender e lidar melhor com suas emoções. Nesta obra, busquei motivá-lo a usar a racionalidade para gerenciar seus sentimentos, de maneira a ter as melhores atitudes em cada um dos seus relacionamentos e nos momentos de superação que forem necessários nos desafios do seu dia a dia.

Use este material como uma ferramenta para fazer com que suas emoções trabalhem a seu favor e nunca contra o que você deseja realizar. Assim, você terá mais e melhores condições para potencializar seus esforços e conseguir melhores resultados, seja na vida pessoal, seja na área profissional e empreendedora.

De posse do conhecimento e da consciência adquiridos neste livro, você terá mais força e determinação no enfrentamento dos obstáculos e das adversidades. A serenidade e o equilíbrio serão seus companheiros de viagem, dando mais poder ao seu esforço, à sua dedicação e à sua persistência.

Você está agora emocionalmente mais bem preparado para lidar com a realidade dos desafios, com as dificuldades e até mesmo com os fracassos temporários que, com certeza, surgirão ao longo do seu caminho. Em outras palavras, posso dizer que você deu vários passos para se tornar um "fodido obstinado", que fará da vida o palco para a realização de todo o sucesso com que ouse sonhar.

Agora que conhece um pouco mais suas emoções e seus sentimentos e sabe que há uma forma melhor de lidar com eles, isso não só permitirá que você continue caminhando e vivendo cada momento de maneira mais produtiva e satisfatória, mas também o ajudará a desenvolver novas habilidades emocionais que lhe permitirão chegar a um sucesso consistente e mais completo.

O objetivo desta obra foi, primeiramente, ajudá-lo a reconhecer, compreender e aceitar suas emoções. Depois, achar o equilíbrio e a harmonia entre suas emoções e sua razão e usar tudo isso para alavancar sua vida na direção de um sucesso incomparável e pleno de significação.

Para confortá-lo nessa jornada, quero aqui lembrar uma citação inspiradora do dr. Deepak Chopra: *"a raiva é uma dor lembrada, o medo é dor antecipada, a culpa é dor autodirigida, a depressão é esgotamento de energia. Para todos esses casos, a cura é o retorno ao amor e à alegria"*.

Reforço aqui o meu desejo de que esta leitura seja proveitosa a você e que o conteúdo desta obra sirva de incentivo para você investir em uma série de atitudes que o ajudem a lidar melhor com suas emoções, a fim de que possa conquistar todo o sucesso que deseja e merece.

Espero encontrá-lo no topo das altas rodas do sucesso para, juntos, podermos comemorar suas inúmeras vitórias. Nessa hora, tenho certeza de que vou poder reconhecê-lo como um membro ativo e participante do movimento e do clube exclusivo e poderoso dos "Fodidos Obstinados", e jamais dos "Fudidos Vitimizados".

Janguiê Diniz

BIBLIOGRAFIA

LIVROS PUBLICADOS

DINIZ, J. J. B. **A arte de empreender**: manual do empreendedor e do gestor das empresas de sucesso. Barueri: Novo Século, 2018.

_____. **A sentença no processo trabalhista**: teoria e prática. Brasília: Consulex, 1996.

_____. **Ação rescisória dos julgados**. 2. ed. São Paulo: GEN/Atlas, 2016.

_____. **Atuação do Ministério Público do Trabalho como árbitro nos dissídios individuais de competência da justiça do trabalho**. São Paulo: LTr, 2005.

_____. **Axiomas da prosperidade**. Barueri: Novo Século, 2019.

_____. **Desista de desistir**. Barueri: Novo Século, 2022.

_____. **Desvelo**. Recife: Bargaço, 1990. Reed. 2011.

_____. **Discursos em palavras e pergaminho**. Barueri: Novo Século, 2018.

_____. **Educação na Era Lula**. Rio de Janeiro: Lumen Juris, 2011.

_____. **Educação superior no Brasil**. Rio de Janeiro: Lumen Juris, 2007.

_____. **Fábrica de vencedores**: aprendendo a ser um gigante. Barueri: Novo Século, 2018.

_____. **Falta de educação gera corrupção**. Barueri: Novo Século, 2018.

_____. **Inovação em uma sociedade disruptiva**. Barueri: Novo Século, 2019.

_____. **Manual para pagamento de dívidas com títulos da dívida pública**. Brasília: Consulex, 1998.

_____. **Ministério Público do Trabalho**: ação civil pública, ação anulatória, ação de cumprimento. 2. ed. São Paulo: GEN/Atlas, 2016.

_____. **O Brasil da política e da politicagem**: desafios e perspectivas. Rio de Janeiro: Sextante, 2017.

_____. **O Brasil e o mundo sob o olhar de um brasileiro**. Rio de Janeiro: Lumen Juris, 2012.

_____. **O código secreto da riqueza**: 12 chaves que lhe trarão sucesso, prosperidade e riqueza financeira. São Paulo: Ed. Gente. 2021.

_____. **O Direito e a justiça do trabalho diante da globalização**. São Paulo: LTr, 1999.

_____. **Os recursos no processo trabalhista**: teoria, prática e jurisprudência. 5. ed. São Paulo: Atlas, 2015.

_____. **O sucesso é para todos**: manual do livro Fábrica de vencedores. Barueri: Novo Século, 2018.

_____. **Política e economia na contemporaneidade**. Rio de Janeiro: Lumen Juris, 2012.

_____. **Temas de processo trabalhista**. Brasília: Consulex, 1996. v. 1.

_____. **Transformando sonhos em realidade**: a trajetória do ex-engraxate que chegou à lista da Forbes. Barueri: Novo Século, 2015.

_____. **Vem ser S/A**: lições de empreendedores de sucesso. Barueri: Novo Século, 2020. v. 1, 2 e 3.

LIVROS PUBLICADOS EM COORDENAÇÃO

1. **Estudo de Direito processual (trabalhista, civil e penal)**. Brasília: Consulex, 1996.
2. **Estudos de Direito constitucional (administrativo e tributário)**. Brasília: Consulex, 1998.

3. **Direito processual (penal, civil, trabalhista e administrativo)**. Recife: Litoral, 1999.
4. **Direito constitucional (administrativo, tributário e filosofia do Direito)**. Brasília: Esaf, 2000. v. 2.
5. **Direito penal (processo penal, criminologia e vitimologia)**. Brasília: Esaf, 2002. v. 3.
6. **Direito constitucional (administrativo, tributário e gestão pública)**. Brasília: Esaf, 2002. v. 4.
7. **Direito civil (processo trabalhista e processo civil)**. Brasília: Esaf, 2002. v. 5.
8. **Direito (coletânea jurídica)**. Recife: Ibed, 2002. v. 6.
9. **Direito & relações internacionais**. Recife: Ibed, 2005. v. 7.
10. **Revista de Comunicação Social**, v. 1 (Anais do Congresso de Comunicação), Recife, Faculdade Maurício de Nassau, 2005, 146p.
11. **Direito processual (civil, penal, trabalhista, constitucional e administrativo)**. Recife: Ibed, 2006.
12. **Sapere**, Revista Bimestral do Curso de Comunicação Social, v. 1, Recife, Faculdade Maurício de Nassau, 2006, 145p.
13. **Revista da Faculdade de Direito Maurício de Nassau**, ano 1, n. 1, Recife, Faculdade Maurício de Nassau, 2006.
14. **Revista do Curso de Administração da Faculdade Maurício de Nassau**, v. 1, n. 1, Recife, Faculdade Maurício de Nassau, abr.-set. 2006.
15. **Revista Turismo, Ciência e Sociedade**, v. 1, n. 1, Recife, Faculdade Maurício de Nassau, abr.-set. 2006.
16. **Revista do Curso de Comunicação Social**, v. 1, Recife, Faculdade Maurício de Nassau, 2006.
17. **Revista da Faculdade de Direito Maurício de Nassau**, ano 2, n. 2, Recife, Faculdade Maurício de Nassau, 2007.
18. **Revista do Curso de Administração da Faculdade Maurício de Nassau**, v. 2, n. 2, Recife, Faculdade Maurício de Nassau, jun.-jul. 2007.

19. **Revista da Faculdade de Direito Maurício de Nassau**, ano 3, n. 3, Recife, Faculdade Maurício de Nassau, 2008.
20. **Revista da Faculdade de Direito Maurício de Nassau**. Direito Constitucional, v. 11, Recife, Faculdade Maurício de Nassau, 2009.
21. **Revista da Faculdade de Direito Maurício de Nassau**. Direito público e Direito processual, v. 12, Recife, Faculdade Maurício de Nassau, 2010.

CURRÍCULO DO AUTOR

- Graduado em Direito (UFPE).
- Graduado em Letras (UNICAP).
- Pós-Graduação (Lato Sensu) em Direito do Trabalho – UNICAP.
- Pós-Graduação (Lato Sensu) em Direito Coletivo – OIT – Turim – Itália.
- Especialização em Direito Processual Trabalhista – ESMAPE.
- Mestre em Direito – UFPE.
- Doutor em Direito – UFPE.
- Juiz Togado do Trabalho do TRT da 6ª Região de 1992 a 1993.
- Procurador Regional do Trabalho do Ministério Público da União – MPT 6ª Região de 1993 a 2013.
- Professor efetivo adjunto (concursado) da Faculdade de Direito do Recife – UFPE de 1994 a 2010.
- Professor de Processo Civil da Escola Superior da Magistratura de Pernambuco – ESMAPE (Licenciado).
- Professor Titular de Processo Trabalhista da UNINASSAU – Centro Universitário Maurício de Nassau.
- Reitor da UNINASSAU – Centro Universitário Maurício de Nassau – Recife, de 18/06/2014 a 01/10/2018, da UNAMA – Universidade da Amazônia de 28/10/2014 a 19/09/2018 e UNIVERITAS – Centro Universitário Universus Veritas RJ, de 18/01/2017 a 30/11/2018.

- Chanceler da UNINASSAU – Centro Universitário Maurício de Nassau, da UNAMA – Universidade da Amazônia, UNIVERITAS – Centro Universitário Universus Veritas, UNIVERITAS/UNG – Universidade Universus Veritas Guarulhos, UNINORTE – Centro Universitário do Norte e UNINABUCO – Centro Universitário Joaquim Nabuco.
- Fundador, Acionista Controlador e Presidente do Conselho de Administração do Grupo Ser Educacional – Mantenedor da UNINASSAU – Centro Universitário Maurício de Nassau, UNINABUCO – Centro Universitário Joaquim Nabuco, UNIVERITAS/UNG – Universidade Universus Veritas Guarulhos, UNIVERITAS – Centro Universitário Universus Veritas, UNAMA – Universidade da Amazônia, UNINORTE – Centro Universitário do Norte, UNIFACIMED, UNESC, UNIJUAZEIRO, das Faculdades UNINASSAU, UNINABUCO, UNAMA, e UNIVERITAS.
- Presidente do Instituto Latino-Americano de Empreendedorismo e Desenvolvimento Sustentável – Instituto Êxito.
- Presidente do Sindicato das Instituições Particulares de Ensino Superior do Estado de Pernambuco – SIESPE de 2001 a 2008.
- Presidente da Associação Brasileira das Mantenedoras de Faculdades Isoladas e Integradas – ABRAFI de 2008 a 2016, atual presidente do Conselho de Administração.
- Presidente da Associação Brasileira das Mantenedoras do Ensino Superior – ABMES de 2016 a 2019.
- Presidente do Fórum das Entidades Representativas do Ensino Superior Particular – FÓRUM de 2016 a 2019.

grupo novo século

Compartilhando propósitos e conectando pessoas
Visite nosso site e fique por dentro dos nossos lançamentos:
www.gruponovoseculo.com.br

‹ns

- facebook/novoseculoeditora
- @novoseculoeditora
- @NovoSeculo
- novo século editora

Edição: 1
Fonte: Garamond

gruponovoseculo.com.br